Mein Zuhause auf dem Feld der Ehre

Frances Wilson Huard

Writat

Diese Ausgabe erschien im Jahr 2024

ISBN: 9789359949116

Herausgegeben von
Writat
E-Mail: info@writat.com

Inhalt

ICH

In der dritten Juliwoche fand ein sehr fröhliches Treffen im Chateau de Villiers statt. (Villiers ist unser Sommersitz in der Nähe der Marne, 96 Kilometer oder eine Stunde mit dem Zug von Paris entfernt.)

Nichts, denke ich, hätte ferner gelegen als der Gedanke an Krieg. Unsere Künstlerin May Wilson Preston, Mrs. Chase, die Herausgeberin einer bekannten Frauenzeitschrift, der französische Künstler Hugues Delorme und zahlreiche andere Gäste diskutierten das Theater und den „ Fall Caillaux " aus jedem nur denkbaren Blickwinkel, und ihre Unterhaltungen wurden nur durch ernsthafte Versuche, ihre nationale Überlegenheit beim Bridge zu beweisen, und lange, vergnügliche Spaziergänge im Park unterbrochen.

Wenn ich jetzt auf diese fröhlichen Zeiten zurückblicke, kann ich mich deutlich an einen strahlend sonnigen Morgen erinnern, als wir nach einer halbstündigen Klettertour den höchsten Punkt unseres Grundstücks erreichten. Sehr warm und ein wenig außer Atem suchten wir Schutz unter einer großen Rotbuche, und ich kann noch immer H. Mrs. Chase erklären hören:

„Unter Ihnen rechts fließt die Marne, und sehen Sie dort drüben, hinter den Hügeln, die lange gerade Reihe von Bäumen?"

"Ja."

„Das ist also die Straße, die von Paris nach Metz führt !"

In diesem Moment hatte er, da bin ich mir sicher, nicht die geringste *Ahnung, denk nach* .

Am Montag, dem 27., beschloss Mrs. Preston, sich zu verabschieden, und ich beschloss, sie nach Paris zu begleiten. Mehrere Mitglieder der Hausgesellschaft schlossen sich uns an und ließen H. und ein halbes Dutzend Freunde in Villiers zurück. Wir nahmen einen Zug am frühen Morgen und rollten in unsere Zeitungen eingewickelt friedlich in Richtung Hauptstadt, als jemand rief: „Um Himmels Willen, seht euch diese komischen Soldaten an!"

Als ich durch das Fenster blickte, erblickte ich zahlreiche grauhaarige Männer mit buschigen Bärten, die in gleichmäßigen Abständen entlang der Linie postiert waren, während hier und da kleine Gruppen unter oder um ein Zelt herum das Morgenmahl vorbereiteten.

Was für seltsam aussehende Kreaturen sie waren; in ihren schmutzig weißen Overalls alles andere als Militärs – die einzigen Dinge, die ihren Beruf verrieten, waren ihre Mützen und ihre Gewehre!

„Was in aller Welt sind sie?", fragte ein Amerikaner.

„Oh, nur ein paar Territorialsoldaten, die ihre letzten 29 Tage absitzen. Es lohnt sich nicht, ihnen für so kurze Zeit Uniformen zu geben!"

„Pah!", ertönte es vom anderen Ende des Abteils. „Ich glaube, es ist heiß genug in der Kaserne, ohne dass Männer dieses Alters gezwungen werden, in der Sonne Wache zu stehen!"

„Es ist an der Zeit für die *großen Manöver*, nicht wahr?"

Und so schwoll auch die Unterhaltung an und ab, und wir wandten uns wieder unseren Zeitungen zu, ohne den entlang der Gleise stationierten Territorialsoldaten weitere Beachtung zu schenken.

Da ich eine Theaterparty geplant hatte, beschloss ich, in Paris Halt zu machen. Das Stück war *Georgette Lemeunier* in der Comedie Francaise . Das Haus war voll - das Publikum bestand hauptsächlich aus Amerikanern und Touristen, und während des gesamten Stücks konnten selbst sehr bedeutsame Anspielungen auf aktuelle politische Ereignisse bei den Franzosen keine ungewöhnliche Begeisterung hervorrufen. Draußen ließ nicht einmal eine *Sonderausgabe der Presse das* geringste Unbehagen erahnen.

Am nächsten Tag, also am Dienstag, dem 28., hatte ich eine geschäftliche Besprechung mit meinen Freunden, Herrn Gautron und Herrn Pierre Mortier , dem Herausgeber des *Gil Blas* . Herr Gautron war pünktlich, aber Herr Mortier ließ uns über eine Stunde warten, und als wir schließlich die Hoffnung auf sein Kommen aufgegeben hatten, hörte ich jemanden durch den Saal eilen, und die Glocke wurde ungeduldig geläutet. Herr Mortier stürzte unangekündigt herein, sehr rot, sehr aufgeregt, sehr entschuldigend.

„Tausendmal um Entschuldigung. Ich bin furchtbar spät dran, aber Sie werden mir verzeihen, wenn Sie die Neuigkeiten hören. Ich komme gerade aus dem Auswärtigen Amt. Alle diplomatischen Beziehungen zu Deutschland sind ausgesetzt. Am Samstag wird der Krieg erklärt!"

Herr Gautron und ich sahen uns an, dann Herrn Mortier , und lächelten.

„Nein, ich mache keine Witze. Ich meine es ernster als je zuvor in meinem Leben. Der Beweis: Als ich das Außenministerium verließ, ließ ich mir einen vernachlässigten Zahn füllen und machte auf dem Weg dorthin Halt bei meinem Schuhmacher und bestellte ein Paar gute, robuste Stiefel für Samstagmorgen. Dann bin ich fit genug, um zu meinem Regiment zu stoßen."

Unsere Gesichter fielen.

„Aber warum Samstag?"

„Weil am Samstag der 1. August ist und der Grund, warum wir die Neuigkeiten zurückhalten, darin besteht, eine Panik an der Börse zu verhindern und den Juli-Zahlungen Zeit zu geben, ausgeführt zu werden."

„Du glaubst doch nicht wirklich, dass es ernst ist, oder?"

„Ja, wirklich. Ich mache keine Scherze, und wenn ich Ihnen einen Rat geben kann, dann diesen: Heben Sie so viel Geld wie möglich von Ihrer Bank ab und nehmen Sie alles Gold, das sie Ihnen geben. Sie könnten es brauchen. Ich habe mit den *Gil Blas telefoniert* , damit sie das Gleiche für uns tun . Das Schlimmste ist jedoch, dass jeder Mann in meiner Zeitung in einem wehrpflichtigen Alter ist. Krieg bedeutet, dass, wenn ich gehe, Mitarbeiter, Drucker und alle am selben Tag gehen müssen, und die *Gil Blas* schließt seine Türen. Wir hören auf zu existieren – das ist alles."

Diese erstaunliche Neuigkeit hat uns ein wenig verunsichert, und wir hatten einige Schwierigkeiten, uns auf die Fakten zu konzentrieren, aber als wir dann zur Sache kamen, wurde das Geschäftliche schnell erledigt und Mr. Mortier verabschiedete sich. Mr. Gautron führte mich zum Mittagessen.

„Sie müssen kommen", protestierte er, als ich ihm eine Verlobung andeutete. „Sie müssen kommen, sonst werden mir meine Frau und die Jungs nie glauben."

Wir trafen Madame Gautron und ihre beiden prächtigen Söhne an, die ziemlich ungeduldig warteten. Wir erzählten ihnen unsere Neuigkeiten.

„Komm, komm schon. Das kannst du uns doch nicht als Ausrede dienen lassen!"

Wir beteuerten unsere Aufrichtigkeit und gingen zum Mittagessen, das ziemlich still begann.

Ich befragte die Jungen zu ihren militärischen Pflichten. Beide waren Unteroffiziere in einem Infanterieregiment und mussten innerhalb von 24 Stunden nach der Einberufung in die Kaserne einrücken.

Wir blieben nicht lange bei unserem Kaffee. Jeder schien darauf bedacht, seinen Geschäften nachzugehen. Ich ließ die Gautron- Jungs an der Ecke ihrer Straße zurück, jeder trug seine Armeeschuhe unter dem Arm.

„Zum Einfetten – für den Fall eines Unfalls", erklärten sie lachend.

Das war das letzte Mal, dass ich sie jemals sah. Sie fielen beide am selben Tag und kaum einen Monat später „auf dem Feld der Ehre ".

Aber zurück zu meinen Angelegenheiten.

Etwas beunruhigt über das, was Mr. Mortier mir erzählt hatte, eilte ich zur nächsten Telefonstation und fragte nach Villiers. Als ich nach einer gefühlten Ewigkeit die Verbindung herstellte, erklärte ich H., was passiert war.

„Lassen Sie um Himmels Willen die Finger von der Politik und nehmen Sie den Fünf-Uhr-Zug nach Hause! Wir brauchen Sie, um beim Bridge ein zweites Viertel zu machen." H.s Unbeschwertheit beruhigte mich ein wenig, aber aus Vorsicht ging ich zu meiner Bank und bat darum, mein gesamtes Konto abzuheben.

„Wieso, Madame Huard", sagte der Angestellte überrascht, „wollen Sie damit sagen, dass Sie Angst haben?"

Ich erklärte, was ich am Morgen gehört hatte.

„ *Denken Sie daran ? Nein !* Wir wären die Ersten, die benachrichtigt würden. Vor zwei Jahren – in Agadir – waren wir dem Krieg so viel näher! Es besteht kein Grund zur Beunruhigung."

ursprünglichen Absichten festzuhalten .

„Ich kann mein Geld in einer Woche oder so immer noch zurückgeben, wenn sich alles beruhigt hat und ich merke, dass ich es nicht brauche", argumentierte ich.

„Gewiss, Madame – wie Sie wollen."

Und am 28. Juli die *Societe Generale* hat mir so viel Gold gegeben, wie ich verlangt habe.

Als mich der Fünf-Uhr-Express schnell nach Hause brachte, wurde mir allmählich der Ernst der Lage bewusst. Denn die „seltsam aussehenden Soldaten" standen entlang der gesamten Eisenbahnlinie dichter beieinander, und mir wurde klar, dass sie eine sehr ernste Mission zu erfüllen hatten: nämlich die Sicherung der Stahlarterie, die von Paris zur Ostgrenze führt.

In Charly , unserem Bahnhof, sah ich zu meiner großen Überraschung drei französische Offiziere in voller Uniform aus dem Zug steigen und in das Taxi-Autobus einsteigen, das seine Reisenden zum einzigen Hotel in der Nähe brachte.

Im Schloss machte meine Geschichte keinen Eindruck. Die Männer taten die Idee des Krieges ab und wandten sich wieder den Abendzeitungen und dem *Prozess zu . Caillaux* , das war die aufregendste Frage des Augenblicks. In der Speisekammer wurde die Neuigkeit mit Heiterkeit aufgenommen, und Kutscher und Gärtner erklärten, sie würden ihre Spaten schultern und *den Krieg in Holzschuhen führen* .

Meine Freundin und Nachbarin Elizabeth Gauthier war die einzige, die die Sache ernst nahm, und zwar, weil sie nicht weniger als fünf Brüder und einen Ehemann hatte, der im Ernstfall einspringen musste. Ich schämte mich ein wenig, als ich sah, wie sich ihr Gesicht verfinsterte, denn schließlich war sie allein in Villiers mit zwei kleinen Kindern; ihr Ehemann, der bekannte Archivar, kam nur übers Wochenende. „Was hat es für einen Sinn, die Leute so sinnlos zu beunruhigen?", dachte ich.

Am Mittwoch, dem 29., begannen die Zeitungen von „Spannungen in den politischen Beziehungen zwischen Frankreich und Deutschland" zu sprechen, was jedoch die Fröhlichkeit eines Picknick-Mittagessens im Wäldchen an unserem Fluss nicht trübte.

Am Nachmittag fragte der alte *Garde-Champêtre* im Hof nach H.

„Im Falle einer Mobilisierung", sagte er, „müssen Sie den Behörden drei Pferde und Ihren Bauernkarren vorlegen. Ihr Wagen muss mit kompletten Planen versehen sein. Und Ihre Pferde müssen mit Halftern angeschirrt sein!"

H. lachte und sagte ihm, dass er sich damit eine Menge unnötige Mühe mache.

Donnerstag, der 30., Markttag in Charly , der nächsten Stadt bei Villiers. Wir fuhren beide im Victoria hinunter und waren nicht überrascht, meine Offiziere vom Vortag im Speisesaal des Hotels sitzend beim Frühstück zu sehen.

„Warum sind sie hier unten?", fragte ich den Besitzer.

„Oh, sie gehören dem *Etat Major* an und sind hier, um ihre Karten zu überprüfen. Der Bürgermeister hat ihnen ein Büro im Rathaus zugewiesen. Sie fahren jeden Morgen früh mit dem Fahrrad los und kommen nur zum Essen zurück."

„Es ist ein wahrer Genuss, hier draußen eine Uniform zu sehen, wo seit letztem Jahr, als wir Prinz Georg von Serbien und seinen Stab drei Tage lang zu Gast hatten, kaum ein Offizier aufgetaucht ist."

Das Hauptthema auf dem Marktplatz war sicherlich *nicht* Krieg und wir fuhren einigermaßen beruhigt nach Hause.

Am Freitag, dem 31., war der Ton in den Zeitungen jedoch ernst und unser kleines Dorf begann sich zu sorgen, als mehrere Soldaten auf Urlaubsurlaub einzelne offizielle Telegramme erhielten, sie sollten sofort zu ihren Regimentern zurückkehren. Kleine Gruppen von Bauern waren entlang der Dorfstraße zu sehen, was in dieser arbeitsreichen Jahreszeit, in der die Weinberge so viel Aufmerksamkeit erfordern, undenkbar war. Gegen Mittag verbreitete sich die Nachricht wie ein Lauffeuer, dass Männer der jüngsten Klassen ihre offiziellen Benachrichtigungen erhalten hatten und zu ihren Korps aufbrechen würden. Doch nirgends war ein Aufruhr zu vernehmen.

"Es wird drei Wochen dauern und dann kommen sie alle gesund und munter nach Hause. Es ist allerdings ärgerlich, dass die Regierung ausgerechnet unsere arbeitsreichste Jahreszeit auswählt, um die Männer in den Urlaub zu schicken!", erklärte ein Bauer.

Als ich nach dem Mittagessen in die Dienerschaft kam, herrschte weniger Heiterkeit. Zumindest bildete ich mir das ein. Die Männer waren schneller als sonst an ihre Arbeit gegangen, und die Frauen wuschen schweigend ab.

„Weiß Madame, dass der *Sohn* „*Poupard*" fährt mit dem Vier-Uhr-Zug ab – und Cranger und Veron fahren auch?", fragte meine treue Catherine.

"NEIN."

„Ja, Madame – und Honorine ist im Waschhaus und weint, als ob ihr das Herz brechen würde."

Ich drehte mich auf dem Absatz um und ging zum Fluss. Im Waschhaus fand ich Honorine , die über ihre Wäsche gebeugt war. Trotz ihrer Bemühungen, sie zu unterdrücken, strömten ihr die Tränen über das Gesicht.

„Warum, Honorine , was ist los?"

„Er ist weg, Madame – weg, ohne dass ich es gesehen habe – ohne auch nur ein sauberes Paar Socken!"

"WHO?"

„Mein Sohn, Madame!"

Und die Tränen brachen erneut aus, wenn auch in aller Stille.

„Ja, Madame, das hier habe ich unter der Tür gefunden, als ich mittags nach Hause kam." Sie zog ein zerknülltes Papier aus ihrer Schürzentasche. Ich glättete es und las:

" Ich *habe gerade meine Kündigung erhalten . Ich gehe sofort . Habe die zwei Francs mitgenommen, die auf dem Kaminsims liegen. Jean.* " (*Ich habe gerade meine Kündigung erhalten . Ich gehe* sofort. Habe die zwei Francs mitgenommen, die auf dem Kaminsims liegen. Jean.)

Ich kann nicht sagen, welchen Eindruck diese kurze, aber heroische Nachricht auf mich machte. In meinen Augen war sie immer ein Zeichen dieser wunderbaren nationalen Entschlossenheit, seine Pflicht zu tun und dabei so wenig Aufhebens wie möglich zu machen.

Zur Teezeit war die männliche Gruppe der Hausgesellschaft ausgesprochen unruhig.

„Lass uns nach Paris fahren und sehen, was dort los ist."

„Das hat keinen Sinn. Elizabeth Gauthier ist heute Morgen hingegangen und wird in einer Stunde mit allen Neuigkeiten zurück sein. Es ist sowieso zu spät, um in die Stadt zu gehen!"

„Also, wenn es morgen nicht besser aussieht, muss ich gehen. Mein Militärbuch liegt irgendwo in meinem Schreibtisch zu Hause und es ist am besten, es *griffbereit zu haben.* im Bedarfsfall *regulieren ", sagte Delorme.*

„Meins ist auch zu Hause", wiederholte unser Freund Boutiteron .

„Wir gehen alle morgen hin und machen einen schönen Tag daraus", beschloss H.

In diesem Moment kamen die Silhouetten der drei Polizisten auf Fahrrädern auf der Straße vorbei.

„Lass uns rausgehen und sie fragen, was los ist", schlug jemand vor.

„Pfui! Glaubst du, die wissen mehr als wir? Und wenn sie etwas wissen, würden sie es *dir nicht sagen!* Mach dich nicht lächerlich, Hugues !"

Kurz darauf traf Elizabeth Gauthier ein, ruhig und gelassen, als wäre alles normal. „Paris ist ruhig; ruhig, wie Paris im August immer ist."

„Aber die Papiere? Ihr Mann? Was steht in ihm?"

„Es gibt keine Extras – Leon scheint nicht übermäßig beunruhigt zu sein, obwohl er als Hauptmann der Reserve innerhalb einer Stunde nach der Erklärung der Feindseligkeiten abreisen müsste. Er hat eine besondere Mission zu erfüllen. Aber er ist sicher, dass er morgen mit dem Fünf-Uhr-Zug runterkommt."

Wir gingen zum Abendessen, aber die Unterhaltung kam nicht richtig in Gang. Jeder schien in Gedanken versunken, und niemand störte sich an den langen Stillschweigen. Wir waren so still, dass uns das Angelusgeläut in Charly , etwa sechs Kilometer entfernt, fast erschrocken aufweckte.

Am Samstagmorgen, dem 1. August, rollte der Reisebus zum Bahnhof, um den Frühzug zu nehmen. Alle stürzten sich auf die gerade eingetroffenen Zeitungen, und wir waren alle gleichermaßen entsetzt, als wir einen Blick auf die Schlagzeile erhaschten: Jaures, der große sozialistische Führer, ermordet. Die Verschwörung verdichtete sich immer mehr, und natürlich kamen wir alle zu demselben Schluss: ein politisches Verbrechen.

„Es gibt eine stärkere Hand als den Rücken des Mörders dieses Verbrechens", murmelte ein einfacher Mann aus der Ecke unseres Abteils.

"Was bringt dich dazu das zu sagen?"

„Sehen Sie denn nicht, Monsieur, dass unsere Feinde auf diese Tat zählen, um die revolutionäre Partei aufzuwiegeln und Zwietracht im Land zu säen? Das ist doch klar!"

Das öffnete die Tür für eine längere Diskussion, aber unsere Freunde weigerten sich zu debattieren, besonders weil wir in den Abteilen neben uns aufgeregte Männerstimmen hören konnten, die den normalen Tonfall deutlich übertönten.

Die Reise ging ohne weitere bemerkenswerte Zwischenfälle zu Ende. Mir kam es so vor, als ob wir mehr Züge als sonst überholten, aber wir waren keinen Augenblick zu spät dran. Es gab nichts zu beanstanden. Als wir uns La Villette näherten und in den Gare de l'Est einfuhren , fiel jedem die außergewöhnliche Zahl von Lokomotiven auf, die in den Bahnhöfen Dampf machten. Es standen Reihen über Reihen von ihnen, so dicht beieinander, wie es nur ging, und so weit das Auge reichte, erstreckten sich ihre glitzernden Kessel in geraden Linien die Gleise entlang. Jede hatte ein frisch aufgeklebtes gelbes Schild, auf dem in großen schwarzen Großbuchstaben der Name ihres Heimatbahnhofs gedruckt war. Das war die bedeutendste Vorbereitung, die wir bisher erlebt hatten. Bald bemerkten wir, dass die Bahnsteige der Güter- und Expressdepots von allen Hindernissen freigefegt worden waren und der normalerweise überfüllte Gare de l'Est so sauber und leer war, wie Menschenhand es nur schaffen kann.

Im Hof trennte sich unsere Gruppe und versprach, sich für den Fünf-Uhr-Express zu treffen – „sofern nichts Ernstes dazwischenkommt."

Ich begleitete H. zur *Caserne des Minimes , wo er nachschaute, ob sein militärischer Status auf seinem Sparbuch* aktuell eingetragen war , und überall auf den Straßen, die vom Bahnhof wegführten, trafen wir Frauen, die sich schweigend die Augen wischten.

Welch ein Anblick bot der Hof dieser Kaserne! Etwa fünf- oder sechstausend Männer jeden Alters, jeder Klasse und jeden Standes, die bis zu diesem Moment nie gedacht hätten, dass der Verlust eines Militärbuches die geringsten Konsequenzen nach sich ziehen würde, waren alle von dem einen Gedanken getrieben worden: „Macht euch bereit zum Dienst." Hier standen sie, Jungen von zwanzig und Männer von vierzig Jahren, in einer Reihe und trotzten ihrem ewigen Feind, dem *Gendarmen* , und jeder wartete schweigend, bis er an die Reihe kam, um seine Situation zu erklären. Zur Ehre des *Gendarmen* und aller Autoritätspersonen muss man sagen, dass sie sich entgegen ihrer üblichen Gewohnheit wie liebevolle Väter gegenüber diesen verlorenen Söhnen der Republik verhielten – mögliche Informationen ohne Anzeichen von Murren, und denen, die noch immer durch die Tür strömten, rieten, gegen fünf Uhr wiederzukommen, wenn die Reihe ein wenig vorgerückt sein sollte. Es war damals kaum zehn Uhr morgens!

H. war im Nu fertig.

„Ich muss nur nach Hause gehen und warten, bis ich gerufen werde", erklärte er, als wir zügig davongingen.

Wie die meisten Landbewohner hatte ich bei ihrem Besuch in der Stadt zahlreiche Besorgungen zu erledigen und so machten wir uns auf den Weg zum *Bazar de l'Hotel de Ville* , der für seine landwirtschaftlichen Geräte bekannt ist.

An der Ecke der Rue des Archives trafen wir Monsieur Gauthier auf dem Weg zu seinem Museum.

„ *Grave – tre's grave – la situation, Monsieur* ", war alles, was er sagen konnte.

„Was würden Sie uns raten zu tun?"

„Also, um es offen zu sagen, ich würde Ihnen raten, das Schloss zu schließen, einen Wächter zurückzulassen und Ihr Pariser Apartment zu öffnen. Sie sind im Osten, wissen Sie! Ich werde mit dem Zug Nr. 5 hinunterfahren und Elizabeth und die Kinder zurückbringen. Ich wäre beruhigter, wenn ich wüsste, dass sie in einer großen Stadt sind! Wenn Sie gehen müssen, wäre Madame Huard hier besser aufgehoben."

H. war sehr nüchtern, als wir Herrn Gauthier verließen.

„Pah! Kopf hoch! Ich fürchte, unser Freund ist ein Schwarzseher. Du weißt doch, dass er zwei kleine Kinder hat!"

Wir betraten den Bazar, das „größte" der großen Kaufhäuser in Paris. An jedem Wochentag, auch sonntags, ist es dort normalerweise so voll mit Käufern und Verkäufern, dass man sich mit den Ellbogen durchdrängeln und sich buchstäblich selbst bedienen muss. Zu unserem Erstaunen war es leer – buchstäblich leer. Kein einziger Kunde – kein einziger Verkäufer zu sehen. Die langen Ladenflächen und Theken waren leer, als ob das Geschäft geschlossen wäre. Ich schnappte überrascht nach Luft, und gerade als ich das tat, rief eine Frauenstimme hinter einem entfernten Schreibtisch:

„Was ist Ihr Wunsch, Madame?"

Ich drehte mich um und eine kleine Frau in Schwarz kam auf mich zu.

„Ja, ich weiß, der Laden sieht merkwürdig aus, aber sehen Sie, alle unsere Angestellten sind junge Männer, und jeder von ihnen musste seit der Schließung gestern Abend seinem Regiment beitreten!"

„Lass die Finger von der Landwirtschaft und komm rüber zu Conard . Er hat bestimmt Neuigkeiten", sagte H. ungeduldig.

Conard's ist ein großer Verlag am Boulevard und bekannt als Treffpunkt der meisten namhaften Politiker.

Conard begrüßte uns schweigend. Er wusste nicht mehr als wir, und wir unterhielten uns über die jüngsten Ereignisse und versuchten, zu einem Schluss zu kommen. Dann schritt einer der *Stammgäste* ein.

„ *Eh bien , Monsieur* , was gibt es Neues?"

Der Angesprochene las unentwegt die Titel der auf dem Tresen ausgebreiteten Bücher, nahm einen langen Zug von seiner Zigarette und sagte, ohne den Blick zu heben: „Die Mobilmachung ist um vier Uhr! Offiziell. Haben Sie etwas Unterhaltsames zu lesen auf meinem Weg zur Front?"

" *Was?* "

„Ja, meine Herren."

"Krieg?"'

"Es sieht ganz danach aus!"

Obwohl wir diese Neuigkeit fast erwartet hatten, war sie für uns ein echter Nervenkitzel. Wir standen wie gebannt da und waren sprachlos.

Was tun? Es mussten so viele Entscheidungen in kürzester Zeit getroffen werden! H. war für unsere Ankunft in Paris, da alle Männer das Schloss verlassen mussten.

„Mobilisierung bedeutet nicht unbedingt Krieg, Mann. Außerdem kann es, wenn es dazu kommt, nicht lange dauern. Du gehst lieber auf dein Landgut zurück, Huard. So ein großes Anwesen muss gepflegt werden", sagte Conard .

„Wo wohnen Sie?", fragte der Herr, der uns die Neuigkeiten überbracht hatte.

„Villiers – sechzig Meilen *östlich* von Paris."

„Gut, wenn Sie sich dazu entschließen, dorthin zu gehen, rate ich Ihnen, den nächsten Zug zu nehmen. Die Ostbahn gehört der Armee und nur der Armee. Sie fährt heute Mittag."

H. sah auf die Uhr. Es war fast elf und unser nächster Zug fuhr pünktlich um zwölf. Wir sprangen in ein Taxi.

„Fahren Sie bis zum Gare de l'Est und halten Sie unterwegs in Tarides ! Wir müssen Karten haben, gute Straßenkarten vom gesamten Norden und Osten", sagte H. und wandte sich an mich.

Es schien, als hätte er diesen Gedanken mit der gesamten Pariser Bevölkerung gemeinsam, denn die Buchhandlungen und Schreibwarenläden entlang der Boulevards waren bereits überfüllt mit Männern, hauptsächlich in Uniformen, und vor den Schuhgeschäften und Stiefelmachern standen Schlangen. Doch es gab keine Aufregung, kein Geschrei, nicht einmal ein „Extra".

Was für ein anderer Anblick bot sich uns an unserer Station als noch vor zwei Stunden! Die großen Eisentore waren geschlossen und wurden von einer Reihe *Sergeants de Ville bewacht* . Nur Männer, die sich ihren Regimentern anschlossen, und Personen, die zu ihren rechtmäßigen Wohnstätten zurückkehrten, durften passieren. Und von beiden gab es Tausende. Um das Gitter herum drängten sich dichte Gruppen von Frauen, die ihren Männern tapfer und tränenlos zum Abschied zuwinkten.

Nachdem er sich vergewissert hatte, dass noch ein Mittagszug fuhr, führte mich H. zum Restaurant direkt gegenüber dem Bahnhof.

„Hier werden wir eine Kleinigkeit essen. Weiß der Himmel, wann wir zu Hause ankommen!"

Der Raum war bis zum Bersten gefüllt; die Mittagsgäste waren hauptsächlich Offiziere. Am Tisch zu unserer Rechten saß ein junger Mann, dessen Militärgeschirr sehr neu und sehr steif war, aber trotz der Hitze, des hohen Kragens und all seiner Insignien schaffte er es, ein sehr angenehmes Mahl zu verspeisen.

Zu unserer Linken befand sich eine Gruppe bestehend aus einem Kapitän, seiner Frau und zwei weiteren *Brüdern d'armes* . Diese tapfere kleine Pariserin gewann sofort meine Bewunderung, denn obwohl ihr trotz übermenschlicher Anstrengungen die Tränen über das Gesicht liefen, gab sie ihren Gefühlen keine Sekunde nach, sondern spielte ihre Rolle als Gastgeberin, tat ihr Bestes, um ihre Gäste zu beruhigen und erkundigte sich lächelnd nach deren Familie und Freunden, als würde sie sie unter ganz normalen Umständen in ihrem eigenen Zuhause empfangen.

Um Viertel vor Mittag verließen wir sie und bahnten uns mit den Ellbogen unseren Weg durch die sich ständig verdichtende Menge zu unserem Zug.

„Der Zwölf-Uhr-Express – welcher Bahnsteig?" erkundigte sich H.

„Der Zehn-Uhr-Zug ist noch nicht abgefahren, Monsieur!"

"Besteht die Gefahr, dass es *nicht* klappt?"

„O nein, aber es besteht die Gefahr, dass es das letzte Mal sein wird."

Und der Mann sprach die Wahrheit, denn wie unser Freund, der Politiker, vorhergesagt hatte, übernahm am Mittag die Militärbehörde den Bahnhof und alle, die das Unglück hatten, zurückgelassen worden zu sein, mussten drei tödliche Wochen in Paris warten. Auf der Ostbahn wurde der gesamte Personenverkehr sofort dem Transport von Truppen geopfert.

Mir kommt es vor, als wäre dies der längste Zug gewesen, den ich je gesehen habe. Die Waggons erstreckten sich weit über den Bahnhof hinaus ins sengende Sonnenlicht. Jeder Waggon war bis über seine normale Kapazität hinaus gefüllt. Es stand außer Frage, in welcher Klasse man reisen würde — man reiste, wohin man konnte! Doch es schien niemanden zu stören. Es gelang mir, einen Sitzplatz im Abteil zu finden, der bereits von zwei jungen St. Cyr-Studenten in voller Uniform und weißen Handschuhen, einem sehr stämmigen älteren Paar und einem halben Dutzend Männern aus der Arbeiterklasse besetzt war.

„Wir werden uns mit dem Sitzen abwechseln, Monsieur", sagte einer von ihnen, als H. sich weiter in den Korridor hineindrängte.

Nach fünf Minuten war die Unterhaltung allgemeiner Natur. Obwohl es noch keine offizielle Erklärung gegeben hatte, waren alle Anwesenden überzeugt, dass die Neuigkeiten bald bekannt gegeben würden, und obwohl die Menge sicherlich nicht fröhlich war, war sie sicherlich nicht traurig. Die meisten Männer hatten ihre Befehle am Morgen erhalten und sich von ihren Lieben zu Hause verabschiedet. Daher gab es keine herzzerreißenden Abschiedsszenen, keine tränenreichen Abschiede von Familie und Freunden, keine nutzlosen Kundgebungen.

Durch die Tür unseres stickigen Abteils, das bis zum letzten Moment offen stand, konnten wir sehen, wie sich der Zug auf dem gegenüberliegenden Bahnsteig lautlos schnell mit Männern füllte, von denen jeder ein neues Paar Schuhe trug, entweder über die Schulter geworfen oder ordentlich in einem Karton oder einem Papierpaket verstaut. Dann verließ der Zug ohne Vorwarnung und ohne urkomisches Geschrei seiner Insassen leise den Bahnhof und wurde sofort von einem anderen Zug ersetzt.

Fünfmal sahen wir, wie die gleiche Aktion wieder begann, bevor der Zehn-Uhr-Zug beschloss, Paris zu verlassen. Dann, als der Schaffner den Bahnsteig entlangging und die Türen zuschlug, lugte ein jungenhaftes Gesicht durch die Öffnung unseres Abteils.

„Hallo, Louis", sagte er zu einem der Arbeiter. „Hallo, Louis, bist du auch hier?"

" Eh bien , diese so lange habe ich gekreuzigt was bist du ? Hein? "

Unsere Tür schloss sich und der Zugführer pfiff.

„ *Gute Reise!* " rief der Junge durch das Fenster.

„Dir auch", antwortete der andere. Das war alles.

Es war keine sehr ereignisreiche Reise. Es war nur heiß und langwierig. Wir hielten an jeder kleinen Zwischenstation an, um Passagiere aussteigen oder aufnehmen zu lassen. Wir wurden stundenlang aufs Abstellgleis geschoben und vergessen, damit die Schnellzüge, die mit Männern gefüllt waren und zur Ostgrenze unterwegs waren, weiterfahren und verschwinden konnten.

In Changis -St. Jean streckte ich meinen Kopf aus dem Fenster und wurde Zeuge eines höchst rührenden Anblicks. Ein junger Mann in einer gut sitzenden Kapitänsuniform bereitete sich in Begleitung seiner Frau und zweier hübscher Babys auf seinen Abschied vor. Er war in seinem kleinen Dorf offensichtlich gut bekannt und geschätzt, denn der Vikar, der Bürgermeister, der Gemeinderat und zahlreiche Freunde waren gekommen, um ihn zu verabschieden. Das Paar hielt tapfer durch, bis die Pfeife ertönte – dann trennten sie sich in einer fast brutalen Umarmung voneinander, er sprang unter den Rufen der Gratulanten in den fahrenden Zug, und sie, deren Schultern vor Erregung zitterten, kehrte in ihr leeres Zuhause zurück.

Fast auf den Tag genau vier Monate später streckte ich meinen Kopf wieder aus dem Autofenster, als wir in Changis anhielten . Stellen Sie sich meine Überraschung vor, als ich fast dieselbe Gruppe sah! Ich erkannte den Bürgermeister, den Vikar und die anderen, und ein kleiner Schauer lief mir über den Rücken, als ich die hübsche Frau des Kapitäns erblickte – ihre Augen waren rot und geschwollen unter dem langen Witwenschleier, der ihr Gesicht bedeckte. Dieselbe hoffnungsvolle kleine Versammlung vom 1. August hatte sich erneut auf dem Bahnsteig versammelt, um die sterblichen Überreste ihrer heldenhaften Verstorbenen in Besitz zu nehmen und zu ihrer letzten Ruhestätte zu führen.

Da wir natürlich erst um sechs Uhr am Schloss erwartet wurden, stand keine Kutsche bereit, um uns abzuholen.

"Wir fahren mit dem Hoteltaxi bis Charly und telefonieren von dort nach Hause", sagte H. als wir aus dem Zug stiegen.

Aber am Bahnhof standen weder eine Hotelfalle noch ein Fahrzeug irgendeiner Art. Unser Zug hatte allerdings fast zwei Stunden Verspätung! Die Vorstellung, vier Meilen in der glühenden Sonne zu laufen, war alles andere als unterhaltsam, aber es schien uns nichts anderes übrig zu bleiben. Nachdem wir also eine Viertelstunde nutzlos damit verbracht hatten, in unserem einsamen Bahnhof einen Wagen zu finden, machten wir uns zu Fuß auf den Weg. Wir waren kaum zweihundert Meter weit gekommen, als wir ein PARISER Taxi erblickten! H. hielt es an!

„Was machst du *hier unten?* "

„Ich habe einen Herrn mitgenommen, der es eilig hatte. Sie sehen, seit Mittag gibt es auf dieser Linie keine Züge mehr aus Paris! Und es wird wahrscheinlich auch in nächster Zeit keine geben."

"Bringst du uns bis Charly ?"

„Wenn es auf dem Weg nach Paris ist – ja! Ich habe es eilig, zurückzukommen. Ich muss vor Mitternacht zu meinem Regiment in der Gaxe du Nord, aber vorher würde ich gerne noch einen anderen Auftrag wie diesen an Land ziehen. 150 pro Fahrt sind es wert !"

„Du musst Charly überqueren – es gibt keinen anderen Weg nach Paris."

Also machten wir unseren Preis und wurden in unsere kleine Marktstadt gefahren.

Die Einwohner standen vor ihren Türen oder plauderten in kleinen Gruppen, und wir erregten mit unserem Pariser Wagen großes Aufsehen. H. ging sofort zur Gendarmerie, um zu erfahren, ob es seit unserer Abreise aus der Stadt offizielle telegrafische Nachrichten gegeben hatte.

„Sie sind derjenige, der uns Neuigkeiten bringen sollte, Monsieur", sagte der *Brigadegeneral* . „Was sagt man in Paris?"

„Um vier Uhr wird der Mobilmachungsbefehl gegeben."

Von allen drei Gendarmen erklang herzhaftes Gelächter, das in der Anspannung des Augenblicks äußerst erfrischend war.

„Nun, es ist jetzt fünf Minuten vor vier. Und wenn das stimmt, was Sie sagen, sollten wir inzwischen wohl etwas darüber wissen! Machen Sie sich keine Sorgen. Es ist nicht so schlimm, wie Sie denken –"

H. schüttelte uns die Hand und wir gingen. Im Hotel erreichten wir das Chateau am Telefon und fragten sofort nach der Victoria . Da das Pferd angeschirrt werden musste und die Fahrt nach Charley zwei Meilen lang war, hielten wir einen Moment an und sprachen mit der Besitzerin des Hotels.

„Wie kommt es, dass Ihr Motor nicht am Bahnhof war?", sagte H.

„Oh", antwortete sie, „unsere Offiziere haben es heute früh gemietet und mein Mann musste sie schleunigst nach Soissons fahren. Er ist noch nicht zurückgekommen!"

Bevor ich in meiner Erzählung fortfahre, möchte ich hier erwähnen, dass zwei der mutmaßlichen Offiziere innerhalb von zwei Wochen gefasst und in

Meaux als deutsche Spione erschossen wurden – dem dritten gelang die Flucht.

Als wir die Kutsche den Hügel herunterkommen hörten, gingen wir zur Tür. Im selben Moment sahen wir den weißbekleideten *Gendarm* eilte zum Rathaus. Er packte H., hielt den versiegelten Umschlag hoch, den er in seiner Tasche trug, und rief: „Sie hatten Recht, Monsieur. Es ist angekommen!"

Wir sprangen in das Victoria , aber als wir den Platz überquerten, packte uns der *Gardechampère* am Zügel und stoppte unseren Ausritt.

„Einen Moment, Monsieur."

Dann erschien der Ausrufer und brachte die taumelnden Gruppen augenblicklich dazu, sich zu einer einzigen zusammenzudrängen. Er brauchte seine Glocke nicht zu läuten. Er hob nur seine Hand und sorgte für augenblickliches Schweigen. Dann las er langsam in tiefem, feierlichem, gemessenem Tonfall vor, was ich bis zu meinem Todestag nie vergessen werde.

" *Extrem Dringlichkeit . Mobilisierungsbefehl allgemein . Der erste Tag der Mobilisierung ist der Sonntag zwei darüber !* "

Das war alles! Es war genug! Die Anspannung der letzten beiden Tage war gebrochen. Egal, was es Neues gab, es war eine Erleichterung. Und wir fuhren unter dem immer lauter werdenden Gemurmel von Hunderten von Stimmen davon, entspannt nach der quälenden Spannung.

Die Nachricht hatte Villiers noch nicht erreicht, als wir durch die Dorfstraße fuhren. Wir bogen ins Schloss ein und fanden Elizabeth Gauthier, ihre Kinder und fast alle Bediensteten in der Nähe des Eingangsballs versammelt. Sie sahen uns mit flehenden Blicken entgegen.

Als H. den Mund öffnete, um zu antworten, verriet ihnen das scharfe Läuten der *Sturmglocke* , die nur in äußersten Notfällen ertönt, gefolgt vom Trommelwirbel, besser als wir es gekonnt hätten, dass das Schlimmste bevorstand.

Die Diener zogen sich schweigend zurück, und die Glocke läutete noch immer. Bald konnten wir das Klicken der Holzschuhe auf der Straße hören, als die Bauern von den Feldern zum *Rathaus eilten* .

Ich sehe uns jetzt alle vor mir, wie wir dort im strahlenden Sonnenlicht des Nachmittags stehen: Elizabeth, die zwischen Schluchzen murmelt: „Oh Gott, nimm mir meinen Mann nicht!", der kleine Jules, der sich an ihren Röcken festklammert und über ihre Not erstaunt ist, und die glückliche, unbeschwerte, lockenköpfige kleine Colette, die auf dem Rasen vor uns Schmetterlinge jagt!

II

Erster August.

Die *Sturmglocke* verstummte, doch die Trommel rollte weiter.

Im Nu hatten wir uns von dem ersten Schock erholt und gingen alle auf die Landstraße, um die Erklärung zu hören. Für H. und mich war sie schon eine Sache der Vergangenheit, aber wir wollten sehen, wie die Bauern sie aufnehmen würden.

In Villiers wie in Charly war es der *Garde Champetre*, der mit dieser feierlichen Mission betraut war, und der alte Mann gab eine äußerst mitleiderregende Figur ab, wie er dort mit seinen Trommelstöcken in der Hand stand, die Brille nach hinten geschoben und der Schweiß über seine gebräunten und welken Wangen lief.

„Was haben Sie zu sagen?", fragte eine Frau, die zu ungeduldig war, um zu warten, bis alle versammelt waren.

„ *Bien de bon -* ", war die philosophische Antwort, und unser Freund räusperte sich und machte seine Ankündigung.

Es herrschte Totenstille. Kein Murmeln, kein Kommentar erhob sich aus der Menge, als sich die Gruppen auflösten und jeder in seine Unterkunft zurückkehrte.

Wir taten es ihm gleich und ich ging mit H. in Richtung Dienstbotenhalle.

„Gib mir die Schlüssel zum Weinkeller", sagte er. „Und, Nini ", fuhr er fort und wandte sich an meine jüngste Zofe, zehn Jahre alt, „ Nini , leg ein Tischtuch bereit und hol die Champagnergläser heraus. Die Jungs sollen nicht ohne einen letzten fröhlichen Toast gehen."

Es waren vier von ihnen; vier von ihnen, deren Militärbücher ihnen befahlen, so bald wie möglich nach der Mobilmachungserklärung mit zwei Tagesrationen den nächsten Bahnhof zu erreichen. H. hatte kaum Zeit, den Champagner heraufzubringen, bevor wir die Männer ertragen konnten, die die Treppe aus ihren Zimmern herunterpolterten. Ihr Gepäck war schnell gepackt – Wechselunterwäsche und ein zweites Paar Schuhe bildeten ihre Aussteuer – und Julie kam eilig mit Brot, Würstchen und Schokolade herbeigeeilt! „Steckt das in eure Taschen", sagte sie. Obwohl es ihnen niemand gesagt hatte, schienen alle, die zurückgeblieben waren, erraten zu haben, was zu tun war, denn auf die gleiche Weise hatte George, einer der jüngeren Gärtner, die Pferde vor den Bauernkarren gespannt und fuhr zum Eingang der Küche.

Einen Moment später rief mich Catherine beiseite und bat unter Tränen um die Erlaubnis, ihren Mann und ihren Bruder bis nach Paris begleiten zu dürfen. Die Umstände waren zu ernst, um eine solche Bitte abzulehnen, und ich nickte zustimmend.

„Los, Jungs", rief H. „Läute die Hofglocke, Nini , und ruf die anderen rein."

Mit strahlenden Gesichtern vor Aufregung versammelten sie sich um den langen Tisch. H. füllte die Gläser und hob dann sein –

„Auf Frankreich und Ihre sichere Rückkehr!", sagte er.

„Nach Frankreich und auf unsere sichere Rückkehr!", wiederholten sie.

Wir stießen alle an und die schaumige, bernsteinfarbene Flüssigkeit verschwand wie durch Zauberei. Dann folgte ein herzliches Händeschütteln und alle stiegen in den kleinen Wagen. George ließ die Peitsche knallen und im nächsten Moment waren sie um die Ecke gebogen und verschwunden.

Vorbei – für immer fort – denn wie oft habe ich mich in den langen Monaten danach an diesen freudigen Toast erinnert, und jetzt, ein Jahr später, während ich diese Zeilen schreibe, weiß ich mit Sicherheit, dass keiner von ihnen jemals diese „sichere Rückkehr" erleben wird.

Elizabeth Gauthier hielt die Belastung wunderbar aus. Sie war die erste, die zugab, dass es letztlich zu anstrengend gewesen wäre, sich von ihrem Mann zu verabschieden. H. und ich beschlossen dann, dass es das Beste für sie sei, ihre Kinder und ihr Dienstmädchen mitzubringen und zum Schloss zu kommen, wo wir unser Schicksal teilen würden. Es blieb keine Zeit zum Jammern – denn das plötzliche Verschwinden von Koch, Butler und den drei wichtigsten Landarbeitern hinterließ eine sehr große Lücke, die sofort geschlossen werden musste. Es blieb nichts anderes übrig, als „zu zweit einzuspringen", und die Mädchen und Frauen boten bereitwillig an, ihr Bestes zu geben.

Julie, die einzige Person über dreißig, bot an, die Küche zu übernehmen. George und Leon fielen die Gärten, die Ställe, die Pferde, Hunde, Schweine und Rinder zu. Yvonne, siebzehn, bot an, die Kühe zu melken, Butter und Käse zu machen, sich um die Hühner und meine Entenfarm zu kümmern, während Berthe und Nini , vierzehn und zehn, sich um das Schloss kümmern mussten! Keine besonders brillante Ausstattung, um ein so großes Anwesen wie unseres zu leiten, aber alle waren so willig und so gut gelaunt, dass die Dinge weniger vernachlässigt wurden, als man meinen könnte.

Die Aufregung des Tages war so groß gewesen, dass wir uns nach einem hastigen Essen schon in aller Frühe erschöpft zurückzogen. Die Nacht war still – so still, dass wir, obwohl wir sechs Kilometer vom Bahnhof entfernt waren, das Dröhnen der Züge hören konnten, die am Flussufer entlangfuhren.

„Hört!" sagte H. „Wie dicht sie hintereinander laufen!"

Wir stoppten die Zeit. Zwischen jedem Zug lag kaum eine Minute. Dann gewöhnten sich unsere Ohren daran und bald konnten wir die Personenzüge von den Güterzügen unterscheiden, ebenso wie die leeren Züge auf der Rückfahrt nach Paris.

„Hören Sie! Die letzten beiden waren für die Truppen! Das hier ist für die Munition. Oh, was für ein schweres Ding! Das muss für die Artillerie sein!" Und wir schliefen ein, bevor der Lärm aufhörte. Tatsächlich nahm er drei lange Wochen lang kein Ende, während die Ostbahn Tag und Nacht ihre menschliche Fracht zur Ostgrenze transportierte.

Am Sonntagmorgen, dem 2. August, waren wir alle bei Sonnenaufgang an unseren Posten. Elizabeth und ich fuhren nach Charly zur Acht-Uhr-Messe und trafen auf der ganzen Straße Männer und Jungen auf dem Weg zum Bahnhof. Die Kirche war voll, aber es waren nur Frauen und ältere Männer in der Gemeinde; warum, das wussten wir nur zu gut, und viele Frauen und Mütter waren gekommen, um ihre Trauer zu verbergen. Unser Vikar war ein sehr alter Mann, und die Nachricht hatte ihn so erschüttert, dass er, nachdem er die Kanzel erreicht hatte, kein Wort mehr herausbrachte. Er stand dort sprachlos, während ihm die Tränen fast fünf Minuten lang über das Gesicht strömten, und zog sich schließlich ohne einen Laut von sich zu geben zurück. Nicht gerade das Glücklichste, was passieren konnte, denn sein Verhalten ermutigte andere, ihren Gefühlen freien Lauf zu lassen, und es herrschte eine höchst eindrucksvolle Stille, gefolgt von viel Schniefen und Naseputzen! Nach der Dusche schien jedoch alles besser zu sein, und die Gemeinde löste sich mit einem gewissen Gefühl der Erleichterung auf.

Bevor ich das Haus verließ, sagte mir H., ich solle den Lebensmittelhändler aufsuchen und mir einen Vorrat von allem anlegen, was sie austeilte.

„Sehen Sie", sagte er, „wir sind jetzt von allen Ressourcen abgeschnitten. Es gibt keine großen Städte, in denen wir Vorräte bekommen könnten, die mit dem Auto erreichbar sind, und unsere Lebensmittelhändler werden nichts mehr zu verkaufen haben, wenn ihre Vorräte aufgebraucht sind. Wir leben in der Hoffnung, dass die Mobilisierung drei Wochen dauert. Was werden Sie tun, wenn sie länger dauert? Es schadet nie, einen Vorrat zur Hand zu haben!"

„All mein Salz, Zucker und Benzin habe ich für die Armee zurückgelegt. Ich habe den Befehl bekommen, das heute Morgen zu tun — aber kommen Sie zur Hintertür und ich werde sehen, was ich für Sie tun kann", sagte meine liebenswürdige Lebensmittelhändlerin.

„Das ist ja schön", dachte ich. „Kein Benzin – kein Motor – kein Strom! Die Entbehrungen fangen schon früh an. Aber warum meckern! Wir gehen mit den Hühnern ins Bett und werden es nicht vermissen!"

Madame Leger und ich stellten eine lange Liste mit Lebensmitteln und Haushaltsgegenständen zusammen, und sie machte sich ans Wiegen und Verpacken und begann schließlich, die Bündel in die Klappe zu stapeln, die neben ihrer Seitentür aufgestellt war.

Unser lieber alter Cesar muss von der Last überrascht gewesen sein, die er nach Hause tragen musste, aber Elizabeth und ich entschieden, dass „ein Spatz in der Hand besser ist als eine Taube auf dem Dach", und man nie wissen kann, welche erstaunliche „Ordnung" der morgige Tag hervorbringen könnte.

Wie H. lachte, als er uns die Allee hochfahren sah.

„Ich hätte nicht gedacht, dass Sie mich so wörtlich nehmen würden", sagte er. „Der Krieg ist noch nicht einmal erklärt und wir bereiten uns schon auf eine Belagerung vor!"

„Macht nichts", erwiderte ich. „Sie müssen bedenken, dass wir zwölf Personen verköstigen müssen und dass wir mit allem, was ich hier habe, bald durchkommen werden."

Den Nachmittag verbrachten wir damit, unsere Wohnungen einzurichten. Der Einfachheit halber beschlossen wir, einen Teil des Schlosses abzutrennen und alle so nah wie möglich zusammen in einem Flügel zu leben. Die Kinder und jüngeren Bediensteten schienen das Ganze als einen riesigen Witz zu betrachten – oder eher als eine ausgedehnte Picknickparty, und im ganzen Haus schallte fröhliches Gelächter.

Am Montag, dem dritten, nahmen Elizabeth und ich uns die Vorräte vor, die hoch auf dem Tisch im Dienstbotenzimmer aufgestapelt waren. Ein Besuch im Vorratsraum und eine kleine Berechnung zeigten, dass bereits genügend Lebensmittel vorhanden waren, um den ganzen Monat über zu reichen.

„Sehr gut", sagte ich. „Den Rest teilen wir nun in drei gleich große Teile auf – damit sind September, Oktober und November gesichert. Bis dahin wissen wir, welche Vorkehrungen wir treffen müssen!"

„Das will ich doch hoffen!", kam die lächelnde Antwort. Und wir machten uns an die Arbeit. Es erinnerte mich an die Tage meiner Kindheit, als ich immer Haushalt spielte und auf der Waage meines Puppenhauses so und so viel Reis, so und so viel Mehl, so und so viele Makkaroni usw. abwog. Ich konnte kaum glauben, dass ich es ernst meinte.

Wir waren gerade mitten in unserer Aufgabe, als unsere Gärtner auftauchten und einen Wäschekorb voller Pflaumen trugen.

„Madam, sie können keinen Tag länger warten. Sie sind jetzt bereit zum Kochen.“

Es war fast eine unangenehme Überraschung, denn wir waren bereits so beschäftigt, wie wir nur konnten. Aber wir konnten nicht warten, sonst wäre das Obst verdorben.

"Sind das alle Pflaumen?"

„Ach nein, Madame, es sind noch volle zwei Körbe übrig. Und in ein oder zwei Tagen müssen die Brombeeren und schwarzen Johannisbeeren gepflückt werden, sonst verfaulen sie an den Reben.“

„Gott bewahre uns!“, dachte ich. „Werden wir das alles jemals beenden?“ Doch um vier Uhr war der erste Korb Pflaumen entsteint, der Zucker abgewogen und eine große Kupferschüssel mit Konfitüre *brodelte* munter auf dem Herd.

„Wo willst du denn deinen Proviant verstecken, jetzt wo du ihn so schön verschnürt hast?“, fragte H. mit funkelnden Augen.

"Verstecke sie?"

"Ja!"

"Wozu?"

„Im Falle einer Invasion.“

Wir haben uns alle vor Lachen geschüttelt.

„Nun, wenn die Deutschen jemals hierher kommen, gibt es für uns alle nicht viel Hoffnung“, erwiderte ich.

„Nein, aber Spaß beiseite. Angenommen, die französischen Truppen werden plötzlich bei uns einquartiert. Wollen Sie dann in aller Ruhe Ihre Vorräte hervorholen, sie in ein oder zwei Tagen verzehren und mit leeren Händen dastehen, wenn sie abziehen? Wissen Sie, es sind nicht die kleinen Leute, die darunter leiden werden. Ein so großes Gebäude mit all seinen Räumen und Ställen ist genau der richtige Ort für ein Lager!“

Auf diese Idee waren wir noch nie gekommen und so begannen wir an drei verschiedenen Stellen zu überlegen, wo wir unsere Lebensmittel sicher verstecken könnten. Schließlich einigten wir uns darauf, einen Teil von den Lakenstapeln im Wäscheschrank wegzuräumen, den zweiten Teil auf dem obersten Regal eines sehr hohen Schranks in meinem Ankleidezimmer zu verstecken und davor Toilettenartikel zu stapeln, während der dritte eine winzige Treppe zum Dachboden hinaufgetragen und dort durch eine kleine Öffnung in den dunklen Raum geschoben wurde, der zu den Balken und Dachsparren führt. Das alles war so kindisch, dass wir in die Hände klatschten und uns wie Könige freuten, als wir eine so gute Cachette entdeckt hatten .

Es wurde schon dunkel, als ich den Rest der Pflaumenmarmelade in die Gläser goss, die auf dem Küchentisch aufgereiht standen. Berthe hatte fast hundert gezählt, und ich dachte ernsthaft darüber nach, Marmeladenkochen zu meinem Beruf zu machen, als mit viel Lärm und Geschrei ein geschlossenes Auto die Straße hinaufraste und vor dem Eingang anhielt. Ich eilte zur Küchentür und band im Laufen meine Schürze los. Als ich ankam, sprang gerade ein Offizier aus dem Auto, und bevor ich ihn in seiner neuen Uniform erkennen konnte, eilte Hauptmann Gauthier herbei und rief :

„Ich bin gekommen, um Elizabeth und die Kinder abzuholen!"

Auch die anderen hatten den Motor gehört und im Nu war eine große Menschenmenge im Hof versammelt.

„Ich hatte große Schwierigkeiten, Paris überhaupt zu verlassen. Mein Pass ist nur bis Mitternacht gültig", erklärte der Kapitän, als seine Frau und H. erschienen und kaum Zeit zur Begrüßung blieb. „Beeilen Sie sich", fuhr er fort und wandte sich an Madame Gauthier. „Wir müssen in einer Viertelstunde los, sonst erreicht unsere Maschine die Stadt nie rechtzeitig."

Ich eilte mit Elizabeth in ihre Wohnung, wo wir zwei völlig erstaunte Kinder weckten und anzogen, während das kleine Dienstmädchen die Toilettenartikel und ein paar Kleidungsstücke buchstäblich in eine riesige Gladstone-Tasche warf.

„Leon glaubt offenbar, dass wir hier unten nicht sicher sind! Du solltest lieber auch mitkommen", murmelte Elizabeth, als wir die Treppe hinuntergingen.

In der Zwischenzeit hatte H. unseren Freund darüber befragt, was in den letzten 24 Stunden in Paris geschehen sei.

„England wird sich uns wahrscheinlich anschließen – und es besteht durchaus die Möglichkeit, dass Italien neutral bleibt", verkündete er, als wir eintrafen. Und dann – „Sie müssen nach Paris kommen. Sie sind hier zu nah an der Front", fuhr er fort, während er Frau, Kinder und Diener in das Taxi packte.

Und so raste das Auto, kaum dass Zeit für einen Abschied blieb, genauso davon, wie es gekommen war, und H. und ich blickten weiter in die Nacht hinein.

Als ich in die Speisekammer zurückkehrte, fand ich Nini in bitterem Weinen. Ich nahm an, sie hätte sich durch die plötzliche Abreise unserer Freunde erschreckt, und versuchte, sie zu trösten und zu beruhigen, als sie plötzlich losbrach: „Oh, Madame – Madame – die *Pasteten* –"

"Also?"

„Die schönen *Pasteten!* – alle zu Asche verbrannt! So eine Verschwendung!"

In unserer Aufregung hatten wir vergessen, zwei schöne *Pâtes de lievre aus dem Ofen zu nehmen* , auf die ich mehr als stolz war. Und wie Nini es ausdrückte, sie waren zu Asche verbrannt. Wie H. über unser erstes häusliches Missgeschick lachte.

„Sie sind gute Köche", sagte er und wandte sich an Berthe und Nini , die ihre Köpfe hängen ließen und rot anliefen. „Und Ihnen werde ich Madame anvertrauen, wenn ich gehe!"

Am Dienstag, dem 4., ertönte schon frühmorgens die Trommel, und die *Garde-champêtre* verkündete die Kriegserklärung. Das war für niemanden eine Neuigkeit, denn alle hatten die Mobilmachung für die Realität gehalten.

Wir frühstückten gerade, als wir ein seltsames Rumpeln auf der Straße hörten. Es war ein so komisches Geräusch – eine Mischung aus dem einer Dampfwalze und einer Dreschmaschine –, dass wir beide zum Haus gingen, um zu sehen, was vorbeifuhr. Wir waren nicht wenig überrascht, als wir unsere Gendarmen in einem veralteten Auto sitzen sahen, dessen Schnaufen und Keuchen sein Alter verriet. Sie hielten an, als sie uns sahen, und nachdem sie uns begrüßt hatten, machten sie sich lachend über ihr Fahrzeug lustig – weit weniger imposant als ihre gepflegten Pferde, aber das einzige, das zwischen 110 und 130 Kilometer pro Tag zurücklegen konnte! Von ihnen erfuhren wir, dass die Mobilisierung perfekt durchgeführt wurde und dass bei all ihren Touren in die umliegenden Dörfer und Weiler kein einziger Delinquent gefunden worden war – kein einziger Mann wurde vermisst! Alle waren bereitwillig dem Ruf zu den Waffen gefolgt!

Zwischen all der Aufregung und all der Arbeit, die in Villiers erledigt werden musste, verging die Zeit wie im Flug. Bis jetzt hatten wir noch keine Gelegenheit gehabt, den Mangel an Post und Tageszeitungen zu bemerken, und obwohl ich immer das unterbewusste Gefühl gehabt hatte, dass H. irgendwann seine Marschbefehle erhalten würde, war es ein ziemlicher Schock, als sie kamen. Da er sich in einem Grenzdepartement befand, wurde er früher als erwartet abkommandiert. Und anstatt einen Umweg zu machen, um sein Regiment südlich von Paris zu erreichen, wurde ihm befohlen, sofort nach *Chateau Thierry zu gelangen und dort auf Anweisungen zu warten.*

Natürlich packte ich seine Tasche zum zwanzigsten Mal seit Sonntag ein und aus, in der Hoffnung, noch ein kleines Plätzchen zu finden, um noch einen nützlichen Gegenstand hineinzuquetschen – und dann stieg ich aus, sprang in den Wagen und wartete, bis er zu mir kam. Trotz der Feierlichkeit des Augenblicks musste ich lachen, als er erschien, denn er verachtete das makellose Kostüm, das ich sorgfältig zurechtgelegt hatte, und zog eine höchst anstößig aussehende Hose und eine alte, farbverschmierte Norfolk-Jacke an. Ein verblichenes Flanellhemd und ein seidenes Kopftuch um den Hals vervollständigten diese seltsame Ausstattung, die von einer Mütze mit langem Schirm und einem verfallenen Jutesack gekrönt wurde , der nur halb voll war und locker über eine Schulter gehängt war. Er kam meiner Frage zuvor und erklärte, es sei sinnlos, einen vollkommen neuen Anzug wegzuwerfen. Wenn er seine Uniform erhalten sollte, sollte seine Zivilkleidung für seine Rückkehr sicher aufbewahrt werden. Dies war in Friedenszeiten üblich, aber wer konnte das schon wissen? Vielleicht bekam er nie eine Uniform, ganz zu schweigen von der Hoffnung, die Kleidung je wiederzusehen.

Und als ich dann begann, den kümmerlichen Inhalt seines Sacks zu untersuchen, machte er sich über meine Enttäuschung lustig und sagte, sein Vater, der im Feldzug von 1870 gedient hatte, habe ihm immer gesagt, ein Knäuel Schnur und ein Taschenmesser seien für jeden Soldaten ausreichend Gepäck. Ich nahm an, er müsste es wissen und wollte gerade eine weitere Frage stellen, als …

„Hören Sie", sagte er und setzte seinen Fuß auf die Stufe. „Hören Sie – bevor ich es vergesse. Mein Testament liegt bei meinem Notar in Paris, und auf Ihrem Tisch liegt ein Brief an Ihren Vater – wenn mir etwas passiert, wissen Sie, was zu tun ist."

Wir fuhren schweigend davon.

Ich ließ die Pferde fast den ganzen Heimweg laufen und meine Gedanken waren unterwegs beschäftigt, sehr beschäftigt. Hier war ich allein – mein Mann und meine Freunde waren wie durch Zauberhand verschwunden. Meine nächsten Verwandten waren über 8.000 Kilometer entfernt – und die Verbindung zur Außenwelt war völlig abgeschnitten, und der Himmel wusste, wie lange. Offensichtlich blieb mir nichts anderes übrig, als mich der Situation zu stellen, besonders da alle meine Angestellten außer Julie unter zwanzig waren und von mir moralische Unterstützung erwarteten. Dies war nicht der richtige Zeitpunkt, um zusammenzubrechen. Wenn ich zusammenbrach, würde sofort Anarchie herrschen.

Aber was sollte ich tun? Weiter wie ein Einsiedler auf diesem riesigen Anwesen leben? Die Vorstellung entsetzte mich. Es schien mir ein so sinnloses Dasein zu sein – und innerhalb weniger Augenblicke hatte ich beschlossen, das Anwesen in ein Krankenhaus umzuwandeln. Aber wie und wem sollte ich es anbieten?

Ich machte einen Stopp bei der *Gendarmerie* , wo mir unsere Freunde Auskünfte geben konnten.

„Die nächste Sanitätseinrichtung war in Soissons – das Rote Kreuz. Der Präsident könnte mir wahrscheinlich helfen –" Also dankte ich dem *Gendarmen* und verließ den Ort, da ich beschlossen hatte, am nächsten Tag von dort weiterzufahren.

Soissons ist nur dreißig Kilometer Luftlinie entfernt, durch die kurvenreiche Straße aber fast das Doppelte. Als ich den Bahnhof betrat, überlegte ich, wann ich aufbrechen sollte und wo ich die Strecke ruhen lassen würde.

„Gibt es etwas Neues, George?", sagte ich, als er das Zaumzeug nahm.

„Nichts, Madame, außer dass wir die Anweisung erhalten haben, dass alle Pferde morgen vor zehn Uhr zur Revision im Chateau Thierry vorgeführt werden müssen."

„Alle Pferde?"

„Ja, Madame, mit vollem Geschirr, Halftern und den Bauernkarren."

Das war eine Überraschung! Wenn sie alle genommen werden, dachte ich, dann wäre ich fast ein Gefangener. Und meine Reise nach Soissons?

"Nicht abspannen!", rief ich, als George zum Stall fuhr. "Ich gehe zurück zu Charly ."

In unserer kleinen Gemeinde gelang es mir, ein Damenfahrrad zu kaufen. „Das könnte nützlich sein", dachte ich. Es war das letzte Fahrrad, das noch übrig war. Vom Geschäft ging ich zum Hotel.

„Wo ist Ihr Mann?", fragte ich die Besitzerin.

„Er ist mit dem Chauffeur losgefahren, um unsere Autobusse und das Taxi zum Requisitionskomitee zu bringen."

"Was?"

"Ja, Madame."

„Aber ich wollte, dass er mich morgen mit dem Motorboot nach Soissons bringt!"

„Gut, wenn er heute Abend zurückkommt und sie ihm eine einzige Maschine zurücklassen   ,
werde ich es Ihnen mitteilen, Madame."

Am Nachmittag schlug die Trommel erneut und ich erfuhr, dass alle Bäcker des Dorfes (es waren drei) an die Front gerufen worden waren und wir wahrscheinlich ohne das Lebensnotwendige auskommen mussten. Angesichts der drohenden Katastrophe hatte die Dorfregierung beschlossen, die Bäckerei zu übernehmen – sie hatte einen alten Mann und einen sehr jungen Lehrling gefunden, die die Arbeit erledigen würden, aber jeder Bürger wurde gebeten, die Zahl der Personen anzugeben, aus denen sein Haushalt bestand, und um Mehl zu sparen, war pro Perle eine bestimmte Menge Brot erlaubt und jede Familie musste zwischen elf und zwölf Uhr im Rathaus vorbeikommen und ihren Vorrat abholen!

Es versteht sich von selbst, dass dies bar bezahlt werden musste, obwohl sich der Vorstand das Recht vorbehielt, sich um die Armen des Dorfes zu kümmern. Ebenso war das gesamte Salz für die Armee reserviert worden, und wir sollten pro Person und Woche auf 75 Gramm rationiert werden ! Das alles klang ziemlich schrecklich, aber in der Praxis erwies sich, dass die Rationen sehr großzügig waren und niemand Grund zur Klage hatte.

Am nächsten Morgen um vier Uhr war ein endloser Strom von Bauernkarren auf der Straße, die zum Chateau Thierry führte, zu sehen. Ich zog mich an und ging zu den Ställen, wo George und Leon bereits die Pferde anspannten. Mehr als einmal hatte ich ein enges Gefühl im Hals, als ich dem guten alten Cesar und meiner schönen Tochter auf den glänzenden Rücken klopfte.

Die Mädchen hatten die Karren mit riesigen Sträußen aus Mohnblumen, Gänseblümchen und Kornblumen geschmückt und zusätzlich zu diesen dreifarbigen Sträußen steckte über jedem Pferdezaumzeug ein kleiner Lorbeerzweig. Es wurde großzügig Zucker verteilt und jedes Pferd bekam einen Kuss auf die Nasenspitze, und dann schlossen sich die Jungen der Prozession auf der Landstraße an.

Ich sah ihnen nach, bis sie außer Sichtweite waren. „Werden wir es jemals schaffen, uns zu verabschieden? Wann werden diese Abschiede aufhören?“, dachte ich, als ich mich vom Tor abwandte. Aber ich hatte keine Zeit zum Nachdenken, denn ein höchst erstaunlicher Lärm erhob sich aus einem Tor etwas weiter oben an der Straße, und als ich in diese Richtung blickte, sah ich den alten Vater Poupard , der sein Pferd und seinen Wagen ins Freie führte. Ihm folgten seine Frau und seine Schwiegertochter, zwei muskulöse Bäuerinnen, die lautstark den Abschied ihres Rosses beklagten!

„Nein, nein!“, schrie Mutter Poupard förmlich .

„Das ist der Tropfen, der das Fass zum Überlaufen bringt! Beide Söhne sind weg und jetzt auch noch unser Pferd! Wer soll unsere Ernte einbringen? Der Herr ist ungerecht.“

„Und die Babys meines Bruders – die armen mutterlosen Dinger – in einem Waisenhaus   in Epernay! Wie können wir jetzt an sie herankommen? Oh nein! Oh nein –“, jammerte Julia.

„ Poupard !“, rief seine Frau, trocknete ihre Tränen an der Schürze und heftete ihre scharfen blauen Augen auf ihren Mann. „ Poupard , kein Herumtrödeln! Wenn sie dir dein Pferd bezahlen, denk daran: keine Dummheiten. Komm schnell mit dem Geld hierher – wir brauchen dich als Hilfe im Weinberg.“

„Dies ist nicht die Zeit für Saufgelage“, weinte Julia.

„Pater Poupard “, ermahnte er seinen wütenden Kumpel und schwang einen Spaten,
„Pater Poupard , denken Sie an das, was ich sage!“

Und dann in gemäßigterem Ton, der aber aus etwa dreißig Metern Entfernung deutlich zu hören war: „Ich habe eine Flasche in Ihren Lunchkorb gelegt. Sie müssen nichts mehr kaufen.“

„*kaufen*“ war deutlich betont , was mir verriet, dass Mutter Poupard , die offensichtlich an die Lebensweise ihres Mannes gewöhnt war, für seine Reise reichlich vorgesorgt, seine Taschen jedoch vor der Abreise sorgfältig geleert hatte.

Ich kehrte in mein Reservat zurück, aber im Laufe des Tages wurde mir der Mangel an Kommunikation mit der Außenwelt immer schwerer. Gegen vier Uhr nahm ich mein Fahrrad und fuhr nach Charly . Eine Viertelmeile von unserem Tor entfernt, vor dem Rathaus, hatte ein Maurer zu beiden Seiten der Straße zwei riesige Pfosten in den Boden getrieben und ließ eine schwere Kette zwischen ihnen hin und her schwingen.

Ich blickte den Schulmeister, der in der Tür stand und das Geschehen begutachtete, von der Seite an. Er erklärte, er habe Anweisungen erhalten, alle im Dorf unbekannten Passanten anzuhalten und nach ihren Papieren zu fragen. Die Männer und Jungen, die zurückblieben, sollten abwechselnd Wache stehen und so dazu beitragen, die Verbreitung von Spionen zu unterbinden. Zwei verdächtige Autos und ein Mann auf einem Fahrrad waren bereits gemeldet worden. Sollten sie auftauchen und ihre Papiere nicht vorzeigen, würden sie sofort verhaftet. Bei dem geringsten Widerstand oder einem Fluchtversuch hätten die Wachen den Befehl, zu schießen.

Ich erkundigte mich, ob wir einen *Sauf -Kanal brauchten,* da wir nach Charly und möglicherweise zum Bahnhof von Nogent unterwegs waren , wo mir, so hoffte ich, die Soldaten eines vorbeifahrenden Zuges eine Zeitung zuwerfen würden.

Mr. Duguey antwortete, dass er mir gerne den ersten Pass überreichen würde, und schien von meiner Idee mit den Papieren sehr angetan zu sein. Er gab zu, dass ihm das Leben im Dunkeln auch langsam auf die Nerven ging, und fragte mich, ob ich, falls mein Plan erfolgreich sein sollte, bereit wäre, ihn an der öffentlichen Tafel anzubringen, damit alle die Neuigkeiten sehen könnten. Ich willigte bereitwillig ein, und nachdem er mir ein paar Fragen zu Namen, Alter, Merkmalen und Zielort gestellt hatte, stempelte er mein Papier mit dem Siegel ab, und ich ging.

In Charly waren die gleichen Vorbereitungen getroffen worden, und zwei ältere Männer, die sich auf ihre Gewehre stützten, lächelten, als ich ihnen meinen Papierkram zur Prüfung vorlegte.

Im Hotel war der Besitzer gerade zurückgekommen, nachdem er fast vierundzwanzig Stunden in der Schlange gestanden hatte, um seine Maschinen vorzustellen. Bis auf eine waren alle für die Armee gekauft worden. Aber er versprach, mich am nächsten Morgen mit seinem Doppelsitzer-Taxi nach Soissons zu fahren.

Ich setzte meinen Weg fort und erreichte Nogent. Dort stellte ich fest, dass ich mit meiner Idee, mir die Papiere zu erbetteln, nicht allein war. Mehrere andere aus den Nachbardörfern, so hörte ich, hatten es bereits geschafft, ein Blatt zu ergattern, und waren mit ihren Trophäen eilig davongefahren. Mein Vorgehen war sehr einfach. Es bestand darin, über die Schienen zum Bahnsteig zu gehen, mich dort mit den anderen Frauen, die sich bereits dort versammelt hatten, in eine Reihe zu stellen und wie Vögel auf einem Zaun zu warten, bis ein Zug aus Paris vorbeifuhr. Als er dann durch den Bahnhof sauste, riefen wir im Chor: „ *Les journaux ! Les journaux !* "

Es funktionierte wie von Zauberhand. Wir waren kaum zwei Minuten dort, als ein Zug signalisiert wurde.

Als er näher kam, konnten wir sehen, dass Lokomotive und Waggons mit Blumengirlanden und Ranken geschmückt waren, während auf die lackierten Seiten der Waggons Inschriften wie „ *Train de Plaisir pour Berlin* " *und zahlreiche Karikaturen mit Kreide geschrieben waren.*

Unsere Appelle waren nicht vergebens. Mit freudigem Geschrei warfen uns die Jungen die Papiere zu, die wie Mannaregen in der Wüste willkommen waren. Ich konnte zwei sammeln, *L'Action Franaise* und *Le Bonnet Rouge* .

Bis andere und neuere Blätter beschafft wurden, hingen die royalistischen und   die
revolutionären Blätter nebeneinander am öffentlichen Plakat in Villiers und bewiesen damit, dass in der Dritten Republik „ *Liberté* ", „ *Egalité* " *und* „*Fraternité* "keine leeren Worte waren.

Die Nachricht von der Verletzung luxemburgischen und belgischen Territoriums erregte weniger Aufsehen als man hätte erwarten können. Unter diesen Umständen schien jede Nachricht ein Segen zu sein.

Vor dem Rathaus war noch immer eine Menge los, als die ersten Karren von der Revision zurückkamen. Im Vergleich zu der Doppelreihe, die am Morgen vorbeigefahren war, waren es nur wenige. Mein Herz hüpfte vor Freude, als ich sah, wie George, der Cesar fuhr, in den Hof einbog.

„Zu alt, Madame", sagte er mit glänzenden Augen. „Aber er ist immer noch so kampflustig, dass man ihn fast behalten hätte. Er ist für einen zweiten Besuch reserviert."

„Und Florentiner und Cognac?"

Der Junge steckte die Hand in die Tasche und hielt mir einen Zettel hin. Ich nahm ihn und las: „ *Gutschein für 1.200 Franc, Preis für 2 Pferde usw.* "

„Na ja, Gott sei Dank, wir haben noch einen übrig", dachte ich, als ich die Halle betrat. In diesem Moment knarrte das Tor und ich konnte in der zunehmenden Dämmerung vage die Gestalten von Mutter Poupard und Julia erkennen, die zu den Ställen eilten. Ich folgte ihnen.

„George! George!", rief Julia.

„Und?", kam die Antwort von drinnen.

„George, wo ist der alte Mann?", fragte Mutter Poupard aufgeregt.

"Wie soll ich wissen?"

„Wurde unser Pferd gestohlen? Können Sie uns das sagen?"

"Ich denke schon."

Poupard dann nicht mit dir und Leon im Karren zurückgekommen? Hast du ihn gesehen?"

"Ja."

"Wo war er?"

"Vor einem Café, als wir vorbeifuhren."

„Oh, der alte Schurke! Der Schurke! Oh, *Mann Dieu* , was sollen wir tun? Oh, der böse alte Mann – wenn ich ihn hier hätte, würde ich ihn ordentlich verprügeln!"

Und Mutter Poupard begann mit solcher Gewalt eine Mistgabel zu schwingen, dass ich zu befürchten begann, sie würde, wenn sie ihrem sündigen Gatten das Handwerk legte, über George herfallen, um Rache zu nehmen.

„Oh, der alte Teufel! Oh –"

„Seht her, ich bin nicht seine Krankenschwester – und jetzt verschwindet alle!"

Die Anweisung erfüllte ihren Zweck, denn als den beiden Frauen wieder einfiel, dass sie „nicht zu Hause" waren, zogen sie sich höchst verärgert zurück. Sie jammerten und klagten so laut, dass ihre Nachbarn herauskamen, um nachzusehen, was los sei. Und sie lachten über Mutter Poupards Drohung, was sie tun würde, wenn sie „ *le vieux* "jemals in ihre Fänge bekäme.

Am Freitag um sechs Uhr hatte ich gefrühstückt und war bereit, nach Soissons aufzubrechen. Das Taxi vom Hotel du Balcon kam wenige Augenblicke später, und nach einem Besuch im Rathaus, wo wir die nötigen Pässe besorgten, machten wir uns auf den Weg.

Am Eingang jedes kleinen Dorfes mussten wir anhalten und unsere Papiere vorzeigen. Nach dieser Formalität wurde die Kette heruntergelassen und wir durften weitergehen.

Als wir eine halbe Stunde später Chateau Thierry überquerten, sahen wir die Reihen der Pferde, die noch nicht untersucht worden waren, entlang des Platzes aufgereiht. Die Verwalter hatten die ganze Nacht gearbeitet und ihre Aufgabe war noch lange nicht beendet.

Bis wir Oulchy -le-Chateau erreichten, waren die Ketten die einzigen äußeren Zeichen, die auf den kriegerischen Zustand des Landes hindeuteten, und selbst dann, da die Wachen keine Uniform trugen, schien es eher so, als würden wir eine Reihe von Mautstellen passieren. Als wir jedoch die herrlichen Straßen zwischen den großen fruchtbaren Ebenen entlangfuhren, bemerkte ich, dass die Ernte hauptsächlich von Frauen erledigt wurde und dass auf den Straßen selbst kein Fahrzeug unterwegs war. Offensichtlich durften nur diejenigen, die einen wichtigen Auftrag zu erledigen hatten, die *Routen benutzen* , die also für den Transport von Truppen oder Munition freigehalten wurden.

In Oulchy , auf halbem Weg nach Soissons, hielten wir an einem Bahnübergang an, um einen langsam dahinrollenden Zug aus dem Bahnhof fahren zu lassen. Als die Schranken schließlich hochgezogen wurden, herrschte auf dem kleinen Bahnsteig, den wir von der anderen Seite der Gleise aus nicht sehen konnten, große Aufregung. Junge Mädchen mit Eimern und Schöpfkellen in den Händen standen plaudernd neben Frauen in Umhängen, deren zerzaustes Aussehen deutlich verriet, dass sie hastig aufgeweckt worden waren und ohne an ihre *Toilette zu denken von dort weggeeilt waren* .

„Was ist das?", fragte ich die *Gardebarriere* .

"Verwundet!"

"Verwundet?"

„Ja, die ersten. Sie sind nicht schwer verwundet und können reisen, aber sie können kein Gewehr halten. Und sie waren alle so durstig!"

Die armen Kerle, dachte ich, sind schon aus den Reihen raus und die erste Woche ist noch nicht einmal vorbei.

Überzeugter denn je von der Zweckmäßigkeit meiner Mission hielt ich nicht länger an, sondern fuhr weiter in Richtung Soissons. Eine halbe Meile weiter die Straße hinauf hielt ein älterer Mann mit einem Paket das Auto an. Wir verlangsamten das Tempo und mit dem Hut in der Hand näherte er sich.

„Ich bitte um Verzeihung für die Freiheit, die ich mir herausnehme", sagte er, „aber darf ich fragen, wohin Sie reisen?"

„Soissons."

„Sie würden der Gemeinde einen großen Dienst erweisen, wenn Sie mir erlauben würden, auf dem leeren Sitz mitzufahren. Die Jugendlichen, die die Ernte einbringen müssen, haben nämlich die einzige Maschine der Gemeinde kaputt gemacht, und wir können nicht weiter ernten, bis sie repariert oder ersetzt ist. Es gibt keine Mechaniker mehr und außerdem keine Pferde, die uns nach Soissons bringen könnten, um einen zu finden. Deshalb habe ich angeboten, zu Fuß zu gehen – aber das bedeutet, dass wir mindestens zwei volle Tage verlieren, bevor wir unsere Arbeit fortsetzen können."

„Steigen Sie sofort ein", sagte ich und wir rollten los.

Es dauerte nicht lange, bis ich diesem Dorfrat, einem gebürtigen Elsässer, seine Geschichte entlockt hatte, und seine Erzählungen über den Krieg von 1870 halfen uns, die Zeit zu vertreiben , die wir am Straßenrand verbringen mussten, während unser Chauffeur unseren ersten Reifenschaden reparierte. Das Notrad wurde angezogen, und bald waren wir wieder unterwegs . Mein Begleiter war ordnungsgemäß entblößt, als wir am Denkmal für die Soldaten des Deutsch-Französischen Krieges vorbeikamen, das fast versteckt in einem schönen Kastanienhain im Herzen des Waldes von Hartennes liegt .

Am Stadtrand von Soissons trafen wir auf eine Schwadron des 9. Territorialregiments, die sich nach den Morgenübungen ausruhte. Diese Soldaten ähnelten stark den „buschbärtigen" Geschöpfen, die ich bei der Bewachung der Ostbahn gesehen hatte, nur dass sie noch malerischer aussahen, denn die meisten von ihnen trugen Strohsommermützen. Als wir am Hauptmann auf seinem Pferd vorbeikamen, lüftete mein Begleiter seinen Hut und der Offizier antwortete mit einem Salut.

„Ein Freund von dir?", wagte ich zu fragen.

„Nein. Ich habe ihn noch nie gesehen."

„Aber du hast dich verbeugt, dachte ich."

„Sicher. Er ist ein Offizier, der im Krieg seinen Dienst verrichtet, und alle Zivilisten schulden ihm diese Höflichkeit."

Das gefiel mir, und ich hielt es für die Urbanität alter Zeiten, obwohl sich seitdem oft gezeigt hat, dass dieser Brauch nicht überholt ist.

Ein wenig weiter trafen wir auf eine sehr nette Schwadron, die Köche, die frisches Gemüse schälten und es in riesige Waschkessel gossen. Als diese gefüllt waren, packten zwei Soldaten sie an den Griffen und trugen sie zu einer großen, einige hundert Meter entfernten Kaserne.

Bald erreichten wir eine gepflasterte Straße, die für alle schweren Maschinen eine Freude gewesen sein muss, uns aber beinahe aus unserem leichten Fahrzeug geschleudert hätte. Geduld und gute Laune verschwanden sehr schnell, als wir um eine Kurve kamen, auf den guten Makadam trafen und ich die Zwillingstürme von St. Jean majestätisch in den klaren blauen Sommerhimmel aufragen sah.

Zu unserer Rechten bemerkte ich das Eingangstor zu einem Schloss, über dem ein großes Rotes Kreuz hing, wie ich es mir für mein Zuhause wünschte, und dann waren wir im Nu schon in einem *Vorort* von Soissons. Es war nicht anders als der Eingang zu jeder anderen Provinzstadt in normalen Zeiten, außer dass sich dort viele Männer in roten Hosen unter die übrige Bevölkerung mischten. Es gab keine Ketten über der Straße, sondern vier Soldaten in Uniform, die Wache hielten. Wir zeigten *Muster Blanche* und fragte anschließend nach dem Hauptquartier des Roten Kreuzes.

„Madame Macherez ist die Präsidentin. Sie müssen zu ihr gehen. Durchqueren Sie die Stadt und gehen Sie nach Osten in Richtung St. Paul. Dort ist ihr Schloss."

Natürlich fuhren wir direkt zu unserem Ziel, wurden aber jede Minute von der Polizei angehalten und in Seitenstraßen abgelenkt. Die großen Durchgangsstraßen müssen für die Armee freigehalten werden!

Ich setzte meinen alten Freund in der Nähe des Rathauses ab und sagte ihm, dass ich gegen Mittag zurückkommen würde. Wenn er bereit wäre, würde ich ihn gerne mitnehmen. Würde er uns vor dem *Hotel du Soleil d'Or treffen?*

Er war erfreut und versprach, pünktlich zu sein.

Wir überquerten die Aisne; ich muss sagen, ziemlich unbekümmert, denn wir hätten nicht im Traum daran gedacht, dass diese Gegend innerhalb so kurzer Zeit Gegenstand solch verzweifelter und blutiger Auseinandersetzungen werden würde – und zudem auch noch an historisch so großem Ruhm gewinnen würde.

Das Chateau de St. Paul liegt, oder besser gesagt, etwas abseits der Straße, umgeben von einem schönen Garten und einer hohen Mauer. Ich ließ mein Auto stehen und betrat das Gelände, ein Diener hatte mir das Tor geöffnet, als ich voranging. In einem kleinen Salon stellte ich mich einer sehr charmanten jungen Person vor, die bereits hinter einem Schreibtisch saß, obwohl es kaum halb neun war, und erklärte ihr den Grund meines Besuchs.

„Madame Macherez wird erfreut sein. Ich bin ihre Sekretärin und ich kann Ihnen versichern, dass sie alles tun wird, um Ihre Pläne voranzutreiben. Würde es Ihnen etwas ausmachen, noch ein paar Minuten zu warten? Sie wird gleich unten sein. Sehen Sie“, fuhr sie fort, „wir waren die ganze Nacht wach. Plötzlich war ein Teil eines Regiments bei uns einquartiert, und die Offiziere, die hier schliefen, kamen und gingen die meiste Zeit. Ich bitte Sie, den Staub zu entschuldigen, aber sie waren nicht lange genug weg, als dass wir alles aufräumen konnten. Es waren zwanzig hier und zweihundert Männer in den Nebengebäuden, was eine ziemliche *Menge ausmacht. ménage* . "

kam die Präsidentin der *Association des Dames Franpaises herein.*

Madame Macherez , eine gutaussehende ältere Dame mit eisengrauem Haar und klaren blauen Augen, ist die Witwe des ehemaligen Senators Macherez . Ihr scharfer Verstand und ihr wunderbares Geschäftsgeschick haben ihr den Respekt und die Wertschätzung zweier ganzer Nationen eingebracht; Freund und Feind sind sich in ihrem Lob dieser wunderbaren Person einig.

Ich brauchte nicht lange, um meine Absichten zu erklären: Ich könnte sechzig Betten zur Verfügung stellen, mit Platz für ein Doppelbett, würde die gesamte Leitung eines Krankenhauses übernehmen und gerne bei der Pflege helfen, benötige aber einen Arzt und andere professionelle Hilfe.

Madame Macherez nahm meinen Vorschlag an, wusste genau, wen ich brauchte, und nahm ihr Abzeichen ab, heftete es an mein Mantelrevers und machte mich zu einem Mitglied ihrer Gesellschaft.

„Nun, dann lasst uns die Formalitäten sofort hinter uns bringen. Hier ist deine *carte d'identité* . Du musst dein Foto daraufkleben. Damit und mit einem vom Kriegsministerium abgestempelten Armreif hast du freien Zugang zu allen Straßen und brauchst dich nicht mit anderen Papieren herumzuschlagen. Lasst uns sofort zum Rathaus gehen, wo sie ihr Siegel auf deine Karte stempeln, das sie als gültige Identitätskarte anerkennt. Von dort aus müssen wir den befehlshabenden Oberst aufspüren und sein Siegel holen . Das macht sie bei den Militärbehörden gültig.“

Der Wagen des Präsidenten wartete vor der Tür.

„Wie lange werden wir brauchen?“

„Ah, mindestens eine Stunde.“

Ich wandte mich an meinen Chauffeur, der gerade seinen platten Reifen reparierte.

„Geh und schau, ob du keinen neuen Schlauch finden kannst, und triff mich um elf im *Hotel du Soled d'Or*, wo ich zu Mittag essen werde.“

„Aber ich habe gerade einen neuen Schlauch eingezogen.“

"Hast du noch eins übrig?"

„Nein, aber ich habe mein Notrad –“

„Macht nichts. Ein weiterer Schlauch könnte nützlich sein.“

„Sehr gut, Madame.“

Madame Maeberez wartete, also sprang ich neben sie und wir fuhren zum Stadtball. Obwohl der Krieg kaum eine Woche alt war, war ihr Büro bereits im Hotel de Ville eingerichtet, und mehrere Krankenhäuser waren auf dem besten Weg zur vollständigen Organisation. In einem großen Raum zählten Frauen mit weißen Kappen (die ersten, die ich dieser Art gesehen hatte) Bandagen, Wäsche und Unterwäsche und legten riesige Stapel für dieses und jenes Krankenhaus aus.

Während Frau M. die zahlreichen Fragen beantwortete, die bei ihrem Eintreten auf sie einprasselten, notierte sich ihre Sekretärin die Mängel meines Krankenwagens, versprach, diesen sofort per Auto nachzuschicken und gab mir eine Vereinbarung zur Unterschrift.

Inzwischen hatte jemand meine Karte zum Bürgermeister gebracht, der sein Siegel darauf drückte, und wie durch Zauberei erschien mein Armreif.

Nun also zum Oberst! Und wir eilten sofort wieder fort.

Als wir durch die malerische kleine Stadt fuhren, fiel mein Blick mehr als einmal auf ein prächtiges Stück Architektur aus der Zeit Ludwigs XIV. Das College, das Kloster, die Kirchen und sogar einige Privathäuser waren wunderbare Beispiele dieser exquisiten dekorativen Epoche. Da es mein erster Besuch in Soissons war, bedauerte ich, meine Kodak nicht mitgebracht zu haben, aber als ich Madame Macherez davon erzählte, drückte sie ihre Freude über meine Bewunderung ihrer Heimatstadt aus, war aber äußerst froh, dass ich mich nicht allein mit einer Kamera auf den Weg gemacht hatte. Unbekannte Personen mit Fotozubehör waren heutzutage misstrauisch. Es war am besten, solche Dinge zu Hause zu lassen.

Gerade in diesem Moment bogen wir eine schmale Straße hinauf, und der Chauffeur hupte vergeblich, um ein halbes Dutzend Soldaten, die Ballen mit Lorbeer auf dem Rücken trugen, dazu zu überreden, uns Platz zu machen. Mit offensichtlichem Widerwillen zog der erste Mann ein wenig nach rechts, der zweite brüllte etwas in einem malerischen Dialekt, und gerade als wir den dritten passierten, beugte ich mich nach vorne und packte den Fahrer am Kragen.

„Halt, halt mal eine Minute!", keuchte ich.

Er muss geglaubt haben, ich sei verrückt, und Madame M. dachte wahrscheinlich, ich hätte plötzlich den Verstand verloren, als sie sah, wie ich aus dem Motor sprang, auf einen der Ballen zuraste, ihn mit einer Gewalt vom Rücken des Lastwagens riss, die den Mann fast umwarf, und ihm dann die Arme um den Hals schlang und ihn umarmte.

„Du? Schon?", keuchte H., und als wir dann merkten, dass wir uns öffentlich blamierten, stieg uns die Farbe in die Wangen.

Es folgte eine hastige Erklärung, in der ich meine Pläne schilderte.

„Und du, was in aller Welt machst du hier?", fragte ich.

„Nun, genau das, was Sie sehen. Wir alle aus Villiers wurden ausgesandt, um Pferde an die Front zu bringen, und das ist eine gute Arbeit. Ich wünschte, Sie könnten die Pferde sehen! Keines davon ist reitbar!"

„Aber was passiert, nachdem sie ausgeliefert wurden?"

„Ich wünschte, ich wüsste es selbst."

"Und wann können wir uns treffen?"

„Ich fürchte, das ist unmöglich. Wir fahren heute Nacht wieder los, Gott weiß wohin!"

Und als H. sah, dass er schon weit hinter seinen Gefährten zurück war, rief er mir hastig Lebewohl und war verschwunden!

Der Oberst war abwesend, würde aber *sofort zurückkehren,* und Madame Macberez und ich verbrachten fast eine Stunde mit Warten. Als er jedoch erschien, war er äußerst zuvorkommend, entschuldigte sich sehr höflich und stempelte sofort meine Karte ab. Nachdem ich alle nötigen Papiere bei mir hatte, bat ich Madame, mich am Hotel abzusetzen und in ihr Büro zurückzukehren, wo es, wie ich wusste, genug Arbeit für ein halbes Dutzend Leute wie sie gab. Sie kam meiner Bitte nach und wir trennten uns – sie versprach, Villiers zu besuchen, sobald sie einen Nachmittag Zeit hätte.

Ich war die einzige Frau im Speisesaal des Hotels zum Mittagessen. Das Essen war gut, aber der Service unmöglich, da etwa vierzig Männer, hauptsächlich Offiziere, sehr hungrig waren und nur ein altersschwacher Kellner die Arbeit erledigte. Es herrschte gute Laune, jeder Gast machte Zugeständnisse, und hier hörte ich zum ersten Mal diesen Ausdruck, der als Entschuldigung für fast alles so beliebt werden sollte: *Cest la guerre!*

Mein Chauffeur ließ mich warten, aber mein Freund, der Stadtrat, kam pünktlich. Endlich kam der Motor. Als wir am Morgen St. Paul verließen, war etwas passiert, und der arme *Hotelier* hatte die ganze Stadt nach einem Mechaniker abgesucht, aber vergebens. Alle waren *im Dienst der Armee* . Schließlich musste er die Dinge so gut wie möglich reparieren. Und was einen Ersatzschlauch anging – so etwas gab es nicht. Wir mussten unser Glück mit dem Rad versuchen, das er hatte.

Wir fuhren los, waren aber noch keine 200 Meter weit gekommen, als ein Hinterreifen platzte!

Nun, Gott sei Dank hatten wir die Stadt noch nicht verlassen. Also kehrte ich ins Hotel zurück, und während Huberson und der Stadtrat die Schäden reparierten und das Notrad einstellten, hatte ich Zeit, alle alten Ausgaben von *Illustration zu lesen,* die das *Soled d'Or* besaß, und ein Gespräch mit der Besitzerin zu beginnen, die im Hof saß und Erbsen für das Abendessen pulte. Sie war überzeugt, dass der Krieg in höchstens drei Monaten vorbei sein würde!

Schließlich ging ich hinaus, um zu sehen, ob ich nicht in Sachen Autogeschäft behilflich sein könnte, aber Huberson sagte, es würde in wenigen Augenblicken fertig sein. Soweit ich es erkennen konnte, war mein Freund, der Stadtrat, eher eine dekorative Persönlichkeit, denn er stand mit dem Hut auf dem Hinterkopf da und gestikulierte heftig, aber ließ sich nicht im Geringsten dazu herab, meinem Chauffeur zu helfen. Als ich ihn fragte, ob er Soissons gut kenne und ob er mir bestimmte Lebensmittelläden zeigen könne, wo ich vielleicht ein paar Lebensmittel bekommen könnte, bestand er darauf, mir die Läden zu zeigen, und zwar mit einer Bereitwilligkeit, die seine Unfähigkeit in Sachen Autoreparatur bewies.

Während dieses kurzen Spaziergangs begegneten wir dem gesamten Neunten Territorialregiment – nicht unter Waffen, sondern *in Repos* . Die Männer saßen vor der Kaserne, lasen Zeitung oder rauchten müßig ihre Pfeifen und sehnten sich alle danach, „etwas zu tun". Ich fürchte, ihr Wunsch wurde mehr als erfüllt.

Start Nummer zwei verlief erfolgreich und wir rasten sehr gemütlich dahin, bis wir die lange gepflasterte Straße erreichten. Der Tag war extrem warm, die Steine waren sonnengebrannt und nach der ersten Meile oder so sah ich, wie Huberson nervös auf sein Vorderrad blickte. Seine Angst war begründet, denn eine halbe Minute später – schwupps! – konnte ich spüren, wie der Gummi platzte!

Wir hielten an und stiegen alle aus.

„Alles ist hinüber!", rief er. „Nicht ein, sondern zwei Reifen sind geplatzt, und der Schuh des Notrads flattert wie ein alter, schmutziger Lappen!"

„Nun, zu meiner Zeit –", begann der Stadtrat.

Oulchy und bei der Rasenmähermaschine sein willst , musst du mit anpacken und helfen", unterbrach ihn Huberson , dessen Nerven der Belastung nicht mehr standhielten. Unser Freund verstand den Wink und begann, seinen Mantel auszuziehen. Wir waren acht Meilen von Soissons entfernt, auf der Auffahrt zu einer gepflasterten Straße, in der prallen Sonne. Es war drei Uhr nachmittags an einem schwülen Augusttag!

Die Männer müssen eine Stunde damit verbracht haben, die unmöglichen Reparaturen durchzuführen. Sie wussten, dass es keinen Sinn hatte, zu Fuß nach Soissons zurückzulaufen, wo ihnen bereits Hilfe verweigert worden war. Und der Zustand der Rohre ließ deutlich erkennen, dass keine Hoffnung auf eine Reparatur bestand.

Was zu tun?

„Das werde ich dir sagen", sagte ich (und ich muss zugeben, dass ich nur sprach, um etwas zu sagen), „das werde ich dir sagen! Stell dir vor, du nimmst die Schläuche heraus und stopfst die Schuhe mit Gras aus!"

Die Männer sahen mich an, als wäre ich plötzlich verrückt geworden. Ihre Verachtung war so offensichtlich, dass sie mich ermatten ließ.

"Ja, es ist mein Ernst."

Und dann erhob sich eine Reihe von Protesten, die ich aus gesundem Menschenverstand zu beherzigen gebot, die unsere Sache jedoch nicht im Geringsten voranbrachten. Nachdem wir noch eine ganze halbe Stunde mit der Diskussion dieser Frage verbracht hatten, verkündete ich noch einmal meine ursprüngliche Idee.

Der Fahrer blickte mich verzweifelt an und zuckte mit den Schultern. „Das Mindeste, was wir tun können, ist, es zu versuchen."

Mit diesen Worten machten wir uns an die Arbeit, Gras und Unkraut auszureißen. Und so kam es, dass ich über dreißig Meilen auf drei mit Gras gefüllten Reifen fuhr, die gegen Ende der Fahrt dank der Hitze zum Erstaunen aller, die uns vorbeifahren sahen, kleine grüne Flüssigkeitsstrahlen ausstießen.

Drittes Kapitel

Die nächsten Tage nach meiner ereignisreichen Reise nach Soissons verbrachte ich damit, die Einrichtung meines Krankenhauses zu überwachen. Der Einfachheit halber beschloss ich, das gesamte Erdgeschoss zu nutzen, erstens, weil es dort weniger und geräumigere Wohnungen gab, von denen jede groß genug war, um zehn oder zwölf Betten aufzunehmen, sodass eine Station entstand; zweitens, weil es besser war, die Verwundeten nicht eine Treppe hinauftragen zu müssen. Die darüber liegenden Räume konnten im Notfall genutzt werden. All dies machte natürlich den Umzug der meisten meiner Möbel und Kunstgegenstände sowie die Räumung von H.s sehr überfülltem Atelier erforderlich – *ich* hatte beschlossen, nur eine kleine Wohnung im Ostflügel für den privaten Gebrauch zu behalten. Es war wirklich ein gewaltiges Unterfangen, weitaus schlimmer als jeder „Frühjahrsputz", den ich je erlebt hatte, insbesondere da ich von meinem stark dezimierten Hauspersonal, das bereits mehr als beschäftigt damit war, den Hof am Laufen zu halten, nur unzureichend unterstützt wurde.

Von den Jungen – George und Leon – erfuhr ich, dass der alte Vater Poupard sich seit seiner Abreise vor drei Tagen mit seiner Mähre noch nicht blicken ließ und dass Mutter Poupard ihre streitlustige Haltung aufgegeben hatte und zu Tränen griff. Dreimal am Tag sah man sie, wenn sie von den Feldern zurückkam, an der Ecke der Brücke stehen und jedem Passanten, der Zeit hatte, stehenzubleiben und ihr zuzuhören, ihr Leid klagten. Poupard besaß jetzt alle menschlichen Eigenschaften und wahrscheinlich war ihm wegen seiner edlen Weichherzigkeit etwas Unheil zugestoßen. Was für ein Unglück, besonders da die Weinreben so viel Aufmerksamkeit brauchten.

Am Sonntag, dem 9., bereitete ich mich gerade auf meinen Frühgottesdienst in Charly vor (unser eigener Vikar war zu seinem Regiment berufen worden), als beim Überqueren der Brücke ein Fahrrad an der Victoria vorbeiraste .

„Er kommt – er kommt!", rief der Reiter, als er an uns vorbeikam.

„Wer?", sagte ich und stand auf, als George näher kam.

„Pater Poupard !", rief der Junge. „Ich werde es seiner Frau erzählen!"

Es war offensichtlich, dass sich die Nachricht wie ein Lauffeuer verbreitet hatte, denn als ich die Straße hinaufschaute, konnte ich sehen, wie die Dorfbewohner aus ihren Häusern eilten. Schon drang das Stimmengewirr an mein Ohr, und da ich darauf bedacht war, dieses höchst dramatische Treffen nicht zu verpassen, sagte ich George, er solle an die Straßenseite fahren und anhalten, und dort würden wir die Entwicklung abwarten.

In weniger als einer Minute erschien Mutter Poupard . Sie hielt Wort, denn jetzt, da sie wusste, dass ihr Herr und Meister nicht mehr in Gefahr war, schlug sie alle Gefühle in den Wind und schwang tatsächlich den „großen Stock"!

„Ach, der nichtsnutzige alte Trunkenbold!", rief sie im Laufen. „Lass mich nur Hand an ihn legen!"

Um die Straßenbiegung kamen die aufgeregten Bauern. Sie drängten sich so dicht um jemanden, dass ich erst erkennen konnte, wer es war, als sie fast bei uns waren. Dann, als Mutter Poupard sich ihren Weg durch die Menge bahnte, teilte sie sich und zeigte ihren Mann; betrunken, aber voller Stolz; im Delirium, aber voller Ruhm – er trug stolz seinen jüngsten Enkel in den Armen und führte den anderen an der Hand.

„Oh, Joseph –", keuchte seine erstaunte Frau, und jeglicher Zorn war aus ihrer Stimme gewichen.

Und dann folgte eine sehr rührende Familienszene, in der dem Delinquenten vergeben wurde, und währenddessen erklärte einer der Umstehenden, dass Vater Poupard zu Fuß von Chateau-Thierry nach Epernay gelaufen sei, um seine verwaisten Enkel abzuholen, und zu Fuß zurückgekehrt sei, wobei er erst das eine und dann das andere getragen habe und die 100 Meilen in nicht ganz vier Tagen zurückgelegt habe! Ein heroisches Unterfangen für einen Mann über siebzig!

Die Sonne ging mehrmals auf und unter, bevor ich mit der Inneneinrichtung fertig war, und nichts Außergewöhnliches unterbrach die Monotonie meiner neuen Routine. Am Dienstag, dem elften, verriet uns das seltsame Summen eines Motors, dass ein Flugzeug nicht weit entfernt war. Unser Schloss liegt im Tal zwischen zwei Hügeln, und um eine klare Sicht auf den Horizont zu erhalten, eilte ich mit einem Fernglas auf das Dach.

Plötzlich erschien ein kleiner schwarzer Fleck, und als er im Zielfernrohr größer wurde, war die Form einer *Taube leicht zu erkennen* . Das war meine Einführung in den Feind.

Ohne eine Sekunde zu warten, eilte ich zum Telefon und bat die Zentrale in Charly (die Telefone gehörten jetzt der Armee), die Nachricht weiterzuleiten, dass vom Chateau de Villiers aus ein deutsches Flugzeug gesichtet worden war, das genau nach Westen flog, direkt auf Paris zu. Der Lärm wurde immer lauter, und als ich zu meinem Beobachtungsposten zurückkehrte, fand ich die meisten Bediensteten versammelt vor, alle reckten ihre Hälse. Die *Taube kam* , und da standen wir mit offenem Mund und merkten keinen Augenblick, dass wir auch nur die geringste Gefahr eingingen. Die Maschine flog direkt über unsere Köpfe hinweg, allerdings nicht niedrig genug, als dass wir ihren Inhalt mit bloßem Auge hätten erkennen können.

„Da ist noch einer!", rief jemand. Und wir kehrten dem Feind den Rücken zu und richteten unsere ganze Aufmerksamkeit auf einen zweiten Punkt, der plötzlich am Horizont aufgetaucht war.

Es war vier Uhr nachmittags und die gepanzerte Spitze des stets näher kommenden Flugzeugs glitzerte prächtig in den goldenen Strahlen der Nachmittagssonne.

„ *Cest un francais !* " rief George.

" *Nein !* "

Wenn man davon ausgeht, dass ein Flugzeug mit einer Geschwindigkeit von einer Meile pro Minute fliegt, kann man sich leicht vorstellen, dass wir nicht lange warten mussten, bis Nummer zwei über uns hinwegraste. Durch mein Fernglas konnte ich die dreifarbige Kokarde erkennen, die unter dem Flugzeug aufgemalt war, und als ich dies verkündete, erschallte ein wilder Freudenschrei.

In diesem Moment verkündete ein lautes Knallen im Westen, dass die Deutschen ihr tödliches Werk auf dem ungeschützten Gebiet begonnen hatten.

"Das ist bestimmt eine Bombe für den Bahnübergang bei Nanteuil !", sagte Leon, und während mir klar wurde, dass das Projektil ebenso gut für uns hätte sein können, gestikulierten die anderen und warfen ihrem Landsmann, der einige hundert Meter über ihnen stand, aufmunternde Worte zu, als könne er jedes ihrer Worte ertragen:

"Mach schon, alter Mann!"

„Bringt diese verfluchte Amsel zur Strecke!" „ *Vive la France!* " und andere ähnliche Rufe gingen im Motorenlärm unter.

Die Jagd begann! Sie war spannender als jedes Pferderennen, das ich je erlebt hatte. Der Franzose holte schnell auf, aber würden sie in den Kampf ziehen, bevor sie aus unserem Horizont verschwanden? Das war die Frage, die uns mit Angst erfüllte.

Sie rasten immer weiter und wurden mit jeder Sekunde kleiner. Bald war es unmöglich, sie voneinander zu unterscheiden, aber wir wussten, dass sie sich einander näher gekommen waren, denn die beiden Punkte stiegen und fielen abwechselnd, mal hoch aufsteigend, mal steil abwärts, und manchmal schienen sie sich fast zu berühren. Dann, gerade als sie verschwinden wollten, brach einer von ihnen plötzlich zusammen und fiel. Welcher, das wussten wir nie.

Gegen Abend erschien der *Garde-champtre* und hinterließ den Befehl, dass George und Leon abwechselnd Wache halten sollten. Vier Stunden Schlaf eines Bauernjungen, besonders wenn er überarbeitet ist, machen ihn am nächsten Tag wahrscheinlich nutzlos. Das provozierte mich ein wenig, aber es war ihre Pflicht und sie mussten gehorchen. Die Jungen kamen um elf und da sie beschlossen, dass es besser wäre, vorher noch eine Stunde oder so zu schlafen, zogen sie sich auf den Heuboden zurück. Ich versprach, nach ihnen zu sehen, falls sie nicht aufwachen sollten, und zur verabredeten Zeit zog ich meinen Pullover an und ging hinunter. Wie erwartet schlummerten beide Jungen friedlich, ohne zu merken, wie spät es war. Die armen kleinen Kerle, es schien schade, sie zu wecken, aber was sollte man tun? Plötzlich kam mir die Idee, sie selbst zu ersetzen: eine Sekunde später war ich so entzückt, dass ich sie um nichts in der Welt hätte wecken lassen. Die ganze Sache begann, furchtbar romantisch zu werden .

Ich schlich mich leise davon, ging in mein Zimmer, holte meinen Revolver und pfiff dann leise nach meinen Hunden, die ich an der Südfront des Schlosses fand. Drei große Windhunde, ein Schäferhund und ein Setter reagierten sofort, und gerade als ich die kleine gelbe Tür schließen wollte, kam die alte Betsy, mein Lieblings-Boston-Bulle, keuchend um die Ecke des Hauses. Mit diesen fünf als Leibwächter schlenderte ich im hellen Mondlicht die Straße hinauf und kam gerade vor dem Rathaus an, als die Uhr elf schlug. Ich muss sagen, dass mein Erscheinen und meine Ankündigung zwei ältere Männer, die seit sieben Uhr Wache gehalten hatten, ziemlich schockierten.

Monsieur Demarcq protestierte, dass man noch nie von einer Frau als Wache gehört habe, aber ich redete ihm diesen Gedanken schnell aus. Was verlangte man von mir? Dass ich jeden Passanten und jedes Fahrzeug anhalte? Dachte er mir das nicht zu? Und ich zeigte auf meine Hunde und meinen Revolver. Das Gewicht des Arguments war so offensichtlich auf meiner Seite, dass sie nichts anderes zu tun hatten, als sich zu fügen, und lachend übergab mir Herr Foeter ein schweres altes Gewehr, drei Pakete Patronen und die Laterne. Dann fragten sie mich wieder, ob ich nicht davon abgebracht werden könne, worauf ich scherzhaft antwortete, dass ich ihnen meine Hunde auf den Hals hetzen und sie nach Hause treiben würde, wenn sie sich nicht sofort dorthin beeilten. Diese Ermahnung erwies sich als wirksamer, als ich zu hoffen gewagt hatte, und versicherte mir, dass meine treuen Tiere sich eines wilden Rufs erfreuten.

Als ich meinen Posten einnahm, schossen mir alle möglichen fantastischen Ideen durch den Kopf. Ich begann jedoch damit, die Laterne mitten auf der Straße aufzustellen, genau in der Mitte der Kette, als Warnung für jeden, der mir entgegenkam. Dann begann ich im Mondlicht, mein Gewehr zu untersuchen. Es war eine sehr primitive Waffe, und nachdem ich sie sorgfältig in meinen Händen wog, beschloss ich, jeden Gedanken daran aufzugeben, mit einem solchen Gerät auf der Schulter die Straße auf und ab zu schleichen. Dieser Ruhm war die Schmerzen des nächsten Tages nicht wert, also legte ich die veraltete Waffe im Flur des Schulhauses ab und beschloss, mich auf meine Browning zu verlassen.

Danach kam ich heraus, setzte mich mit dem Rücken an die Wand auf die Bank und wartete, dass etwas passierte. Meine Hunde schienen die Schwere meiner Mission begriffen zu haben, kauerten sich dicht an meine Füße und spitzten beim leisesten Geräusch die Ohren.

Nach und nach stieg der große Vollmond hoch hinter unserer alten romanischen Kirche auf, die auf dem gegenüberliegenden Damm thront, tauchte alles in geschmolzenes Silber und ließ die hohen Kiefern auf dem kleinen Friedhof nebenan lange schwarze Schatten auf die Straße werfen. Unten an der Marne quakten die Frösche fröhlich, irgendwo in der Ferne summte eine Nachtheuschrecke, und aufgeschreckt durch den Mitternachtsschlag flatterten die Eulen, die im Glockenturm nisteten, in die Nacht hinaus, ließen sich auf dem Kirchturm nieder und begannen ihr klagendes Geschrei. Noch immer kam niemand vorbei.

Es herrschte eine solche Ruhe, dass es fast unmöglich war, zu glauben, dass dort drüben, hinter den fernen Hügeln, wahrscheinlich Schlachten und Blutbäder tobten.

Plötzlich warnte mich ein Schauer, dass ich lange genug gesessen hatte. Ich ging also hundert Schritte und begann langsam auf und ab zu gehen und beobachtete das sich ständig verändernde Firmament. Die ersten grauen Streifen der Morgendämmerung begannen den Osten zu erhellen, als mich ein Knurren von Tiger ganz plötzlich herumfahren ließ. Ich muss zugeben, dass mein Herz anfing, ungewöhnlich zu schlagen, und die Hand in meiner Tasche umklammerte meinen Revolver, als wäre er ein lebendes Tier, das wahrscheinlich entkommen würde.

Eine Sekunde später wiederholten alle Hunde das Knurren, und dann hörte ich das Klicken eines Paars Holzschuhe auf der Straße. Das Geräusch kam näher, und meine Wächter sahen zu mir herüber, jeder Muskel in ihrem Körper angespannt, und warteten auf das einzelne Wort: „*Apporte!*"

„*Couchez!*", zischte ich und wartete die weitere Entwicklung ab.

Die Schritte kamen immer näher, und im nächsten Augenblick kam die gebückte Gestalt eines alten Bauern über die Hügelkuppe. Der Gang war zu vertraut, um missverstanden zu werden. Aber was um Himmels Willen machte Vater Poupard zu dieser Stunde auf der Landstraße?

Als er in Sprechweite war, trat ich aus dem Schatten der Mauer und stellte die Frage. Wäre er plötzlich einem Gespenst gegenübergestanden, hätte der alte Mann meiner Meinung nach nicht erstaunter sein können. Er blieb wie angewurzelt stehen, als wüsste er nicht, ob er sich umdrehen und weglaufen oder weitergehen und die Konsequenzen tragen sollte. Als ich seine Verlegenheit bemerkte, bot ich ihm hastig ein paar Worte zur Begrüßung an, und dann entschied er sich für das letztere Vorrecht.

„- Vous ?_ ", sagte er, als er endlich seine Worte wiederfand. „ *Vous ?* "

"Ja, warum nicht?"

"Wer ist bei dir?"

„Niemand. Warum?"

Er schien verlegener denn je. Offenbar hatte er es noch nicht „begriffen".

„Was kann ich für Sie tun?", fuhr ich fort.

Er zögerte noch immer, sah zuerst mich an und dann die Flasche, die er in der Hand hielt. Schließlich beschloss er, reinen Tisch zu machen.

„Aber", sagte er, „ich habe nicht erwartet, hier eine Frau anzutreffen, am allerwenigsten *eine Schlossherrin* . Es hat mich ziemlich erschreckt! Wissen Sie, ich habe mir angewöhnt, gegen Morgengrauen zu mir zu kommen. Die Jungen fangen um diese Zeit an zu frieren und sind froh, meinen Obstbrand zu probieren. Sie sagen, ich sei zu alt, um Wache zu stehen, also muss ich meinem Land so gut dienen, wie ich kann. Möchten Sie etwas davon – mein eigenes Gebräu?"

Ich lehnte ab, aber er war nicht beleidigt, schien aber dennoch nicht gehen zu wollen.

„Setz dich", sagte ich. „Das ist nicht richtig , bevor ein paar Männer auf dem Weg zu den Feldern vorbeikommen, und dann hast du deine Reise nicht umsonst gemacht."

Pater Potipard nahm das Angebot gerne an und begann mir nach einem kräftigen Schluck Brandy zu erzählen, was während der deutschen Invasion 1870 in Villiers passiert war. Während er weiterredete, verschwand die Nacht allmählich, und als die Glocke im Glockenturm drei Uhr morgens schlug, kamen meine Nachfolger, um mich abzulösen. Ich blies die Laterne aus und ging am helllichten Tag nach Hause.

Die Jungen sahen sehr verlegen aus, als sie erfuhren, was geschehen war. Da ich aber nicht mit meiner Heldentat prahlte, sondern sie einfach als etwas ganz Selbstverständliches hinnahm, hatten sie keine Möglichkeit, das Thema anzusprechen, und wie viele andere Dinge dieser Art geriet es angesichts der lästigen täglichen Aufgaben und der moralischen Ängste, die wir verspürten, bald in Vergessenheit.

Die Obstsaison schien in diesem Sommer kein Ende zu nehmen. Der lange Tisch im Dienstbotenzimmer war buchstäblich mit Gläsern vollgestopft, die

Marmelade und Gelee aller Art enthielten und auf ihre Papierdeckel warteten. Nini sagte, es seien über fünfhundert – mir kamen es Tausende vor, und ich war von Herzen froh über die Ruhe, bevor das Krankenhaus öffnen sollte. Und ich erinnere mich deutlich, dass das Letzte, was ich zubereitete, etwa dreißig Quarts Johannisbeerschnaps waren; das heißt, ich hatte den Rohalkohol auf das Obst gegossen und die Gläser beiseite gestellt, um sechs Monate später auf ihre Fertigstellung zu warten! Kurz darauf erhielt ich auf Umwegen aus Soissons die Nachricht, dass ich meine ausgebildeten Krankenschwestern und Vorräte jeden Moment erwarten könne. In der Zwischenzeit hatte ich seit jenem ereignisreichen Treffen eine Woche zuvor kein Wort mehr von H. gehört.

Samstag, der 15. August, hatte so wenig mit einem religiösen Fest zu tun, wie man es sich nur vorstellen kann. Schon in den frühen Morgenstunden rumpelte die Worfmaschine die Straße hinauf zum Platz neben dem Schloss. Unter diesen Umständen musste jeder an der Reihe sein Weizen und seinen Hafer einbringen, und es gab keine Wahl zwischen Tag und Stunde. Außerdem war das Dorf bereits aufgefordert worden, Getreide und Viehfutter für die Armee zu liefern, und die Ernte musste sofort gemessen und gemeldet werden. Das betraf mich nur zur Hälfte, denn mein Heu war schon vor Kriegsbeginn auf dem Dachboden, und zwei ältere Männer, die sich als Erntehelfer beworben hatten , waren für die letzte Augustwoche eingestellt worden.

Nach dem Gottesdienst in Charly ging ich hinüber zum Postamt. Die Postmeisterin und Telegrafistin, eine entzückende junge Frau aus der Provinz, heißt mich immer sehr herzlich willkommen, und im Augenblick glaubte ich, sie habe vielleicht Neuigkeiten, die Villiers noch nicht erreicht hatten. (Seit dem 2. August hatten wir wohl nur zwei Zeitungen bekommen, und die waren mit welcher Mühe zu bekommen!) Das *Büro* gehörte jetzt der Armee, und seit vierzehn Tagen hatten Mademoiselle Maupoix und ihre beiden jungen Assistentinnen kaum Zeit zum Schlafen gehabt, so beschäftigt waren sie damit, verschlüsselte Depeschen zu übermitteln, Befehle weiterzugeben usw. Dieser körperlichen Erschöpfung schrieb ich das geschwollene Gesicht meiner kleinen Freundin zu, als sie die Tür zu ihrem privaten Wohnzimmer öffnete. Es war offensichtlich, dass sie etwas zu erzählen hatte, aber ihre erlesene Erziehung verbot es ihr, sich kopfüber in ihr Thema zu vertiefen, bevor sie sich höflich nach meinem Befinden, meinem Mann und nach Neuigkeiten von uns beiden seit unserem letzten Treffen erkundigt hatte.

„Und der Krieg, Mademoiselle, wissen Sie etwas darüber, was passiert ist?"

Zwei große Tränen stiegen in Mademoiselles Augen, die jedoch einen triumphierenden Ausdruck zeigten.

„Madame, die französische Flagge weht über Mulhouse, aber sie hat fünfzehntausend Menschenleben gekostet! Das ist eine offizielle Nachricht. Ich kann Ihnen keine weiteren Einzelheiten nennen und auch nicht sagen, wie ich an das gekommen bin, was ich Ihnen erzählt habe."

Dann trafen die Armeen aufeinander und der Krieg war nun blutige Realität!

Ich schauderte. Hier war die Nachricht von einem Sieg und wir konnten nur weinen! Wieder einmal hatten die Söhne Frankreichs großzügig ihr Blut vergossen, um ihren rechtmäßigen Besitz zurückzuerobern!

Ich verließ Mademoiselle und fuhr schweigend nach Hause. Sollte ich es den Dorfbewohnern erzählen? Warum nicht? Aber wie?

Die Frage beantwortete sich von selbst, denn als wir uns dem Rathaus näherten, sah ich den Schulmeister und eine Reihe älterer Männer auf der Bank neben der Kette sitzen. Als wir anhielten, um Cesar eine Atempause zu gönnen, drängten sich alle um den Wagen. Wusste ich etwas? Hatte ich etwas gehört?

„Meine Herren", sagte ich mit deutlich rauchender Stimme, „die französische Flagge weht über Mulhouse, aber fünfzehntausend Mann sind *kampfunfähig!*"

Freude, der fast augenblicklich ein Ausdruck der Trauer folgte, verwandelte buchstäblich alle ihre Gesichter. Tränen traten einigen in die Augen, liefen still über ihre zerfurchten Wangen, und ohne ein Wort zu sagen, entblößten sie sich alle wie ein Mann! Der Respekt vor den glorreichen Toten beseitigte sofort jeden Wunsch nach ausgelassenem Triumph.

Da es nicht nötig war, noch einen Kommentar abzugeben, setzte ich meinen Weg zum Schloss fort.

Eines Nachts gegen Ende der folgenden Woche wurde ich durch das Zuschlagen von Türen und das Zersplittern von Fensterscheiben geweckt. Plötzlich war ein heftiger Sturm aufgekommen, und der Wind richtete verheerende Schäden an den offenen Jalousien und Fensterläden an. Es war sinnlos, daran zu denken, eine Kerze oder eine Lampe in der Hand zu halten. Außerdem zuckte der Blitz so hell, dass ich mich durch die lange Reihe leerer Räume tasten, die Verschlüsse festziehen und die Fenster schließen konnte. Ich hatte den zweiten Stock ohne Zwischenfall erreicht und hörte auch nicht den leisesten Schritt im Haus. Alle meine kleinen Diener waren so erschöpft, dass nicht einmal der Donner sie aufgeweckt hatte. Doch plötzlich drang der Klang der Torglocke an meine Ohren.

„Puh", dachte ich. „Ein Baum oder Ast ist auf den Draht gefallen. Ich werde nass, wenn ich rausgehe und nachschaue, was es ist."

Das Klingeln ging weiter, aber heftiger. Und in regelmäßigen Abständen. Ich ging zum mittleren Fenster hinunter und steckte meinen Kopf hinaus. Im selben Moment rannten meine Hunde wie wild auf das Tor zu und eine Frauenstimme rief: „ *Madame Huard, ouvrez , s'il du flechtest !* "

Im Licht eines weiteren Blitzes konnte ich eine triefende Gestalt in Weiß erkennen. „Pah! Jemand ist krank oder stirbt und möchte, dass ich telefonisch einen Arzt rufe!"

Also drückte ich die Klingel, die zum Dienstbotenquartier führte, zog mir ein paar wärmere Sachen an und ging nach unten. Am Fuß der Treppe traf ich George und Leon, die ziemlich zerzaust, aber hellwach waren.

„Am Tor ist jemand in Not", erklärte ich hastig. „Rufen Sie die Hunde zurück und gehen Sie nachsehen, wer es ist. Ich werde mir im Refektorium eine Zigarette anzünden und dort auf Sie warten."

Sie gehorchten und kamen nach drei oder vier Minuten zurück. Sie brachten eine sehr zerzauste, aber lächelnde Frau mit, an deren Mantel die Rotkreuz-Medaille befestigt war.

„Ich bin die ausgebildete Krankenschwester. Madame Macherez hat mich hergeschickt, um in Ihrem Krankenhaus zu helfen."

„Oh! Gern geschehen, Madame –"

„ Guix ist mein Name. Ich habe vor drei Tagen den Befehl erhalten, mich Ihnen hier anzuschließen, und die Kommunikation ist so schlecht, dass ich den größten Teil des Weges zu Fuß zurückgelegt habe. Ich entschuldige mich in aller Bescheidenheit dafür, dass ich zu dieser Uhrzeit und in diesem Zustand angekommen bin."

Ich brachte Madame Guix schnell in ihre Wohnung und sagte den Jungs, sie sollten Julie wecken und uns eine Tasse Tee und Erfrischungen in mein kleines Wohnzimmer bringen lassen. Obwohl es Mitte August war, waren Regen und Feuchtigkeit so durchdringend, dass ich nicht zögerte, ein Streichholz an ein Reisigfeuer zu halten, das immer in meinem Kamin brennt. Kurz darauf erschien mein Gast wieder und während sie sich erfrischte, befragte ich sie eifrig über die Ereignisse der letzten zwei Wochen.

Madame Guix , eine Frau von kaum über dreißig, stammte aus Choisy -le-Roi (der Stadt des berühmten Rouget de l'Isle). Von Beruf war *sie Mercière* , doch nach dem Tod ihres Mannes und ihres Babys hatte sie die Laufbahn einer *Krankenpflegerin eingeschlagen* , und als der Krieg ausbrach, war sie im Besitz ihres Diploms und bereit, ihren Dienst zu leisten. Sie hatte sich in dem großen Militärkrankenhaus gemeldet, das ihre Heimatstadt im Schulhaus eingerichtet hatte, und hatte drei lange Wochen darauf gewartet, dass sich etwas ergab.

"Gibt es dort keine Verletzten?"

„Nicht, als ich gegangen bin.“

„Hatten Sie schon einmal Gelegenheit, einen Soldaten zu pflegen?“

„Ja, natürlich. Vier Tage nach der Kriegserklärung, als das 49. Territorialregiment auf seinem Gewaltmarsch an die Front durch Choisy kam, waren wir plötzlich mit Überlastungsfällen überlastet. Wissen Sie, das Regiment besteht zumeist aus Männern über vierzig, und viele von ihnen konnten der Hitze, ihren Gewehren und ihren Rucksäcken und da sie an ein solches Leben nicht gewöhnt waren, die Belastung nicht ertragen. Mein erster Patient war ein trauriger kleiner Mann namens Bouteron .

" Bouteron ? Welcher Bouteron ?"

„Marcel Bouteron .“

"NEIN!"

"Warum?"

"Ist er tot?"

"NEIN."

Ich atmete wieder auf. Gott sei Dank! Bouteron , Bouteron , unser witziger kleiner Bouteron , die Fröhlichkeit selbst, der vor drei Wochen die Seele unserer letzten Hausparty war! War das möglich? Schon „am Boden zerstört“! Und dass diese seltsame Frau mir die Neuigkeiten überbringen sollte. Ich rückte meinen Stuhl näher an Madame Guix heran und wir unterhielten uns zwei lange Stunden lang, wie es nur Frauen können.

Von Choisy aus wollte sie ihr *Metier* besser ausleben, indem sie sich der Front näherte, und wandte sich deshalb an Madame Macherez in Soissons. Von dort wurde sie zu mir geschickt. Dachte sie, dass es in unserem Krankenhaus eine Möglichkeit gäbe, Verwundete zu pflegen? Wir waren so weit im Süden.

Sie war überzeugt, dass wir nicht lange leer bleiben würden. Vom Elsass aus wurden im ganzen Norden blutige Kämpfe ausgetragen. Belgisches Territorium war verletzt worden und Lüttich leistete heldenhafte Verteidigung.

Aber unser Arzt und die Arzneimittel? Woher und wann sollten sie kommen? Nahrung und Bettzeug würden zwar weit reichen, aber kaum für ein Krankenhaus!

konnten wir auf Madame Macherez zählen . Sie hatte versprochen, alles Mögliche zu tun, um uns mit unseren Vorräten zu erreichen, aber die Verkehrsregeln auf den Straßen waren so streng, dass sogar die

Versorgungswagen des Roten Kreuzes Schlange stehen und auf Genehmigungen warten mussten. In der Zwischenzeit mussten wir uns so gut wie möglich organisieren.

Am nächsten Morgen bewies mir ein kurzer Kontakt, dass Madame Guix' Kompetenz weit über die Grenzen ihres *Metiers hinausging* . Sie war eine hervorragende Arbeiterin, und keine Aufgabe war zu schwierig, solange sie unserem Ziel diente – nämlich im Notfall bereit zu sein.

Gegen Mittag waren wir zu dem Schluss gekommen, dass es sinnlos wäre, im Krankenhaus auf meine Dienerschaft zu zählen. Sie hatten bereits alle Hände voll zu tun. Also ging ich zu unserem Bürgermeister und fragte ihn, ob er eine Frau kenne, die uns *de bonne volonte* helfen würde. Madame Guix erklärte sich bereit, ihnen an den nächsten Nachmittagen zwischen zwei und fünf die Grundlagen des Verbandslegens beizubringen, und wir wollten ein *Roulement einrichten* , damit die wenige Zeit, die jeder zur Verfügung hatte, richtig und effizient genutzt werden konnte.

Die Trommel schlug und verkündete dies, und um zwei Uhr am selben Nachmittag hatten wir die Genugtuung, etwa zwanzig Frauen begrüßen zu dürfen. In der Zwischenzeit wurde jedes Stück alte Wäsche, das ich besaß, heruntergebracht und auf den Esstisch gelegt, dann gemessen und in *Form zerrissen. rigllementaires,* die sterilisiert und beiseite gelegt werden sollten. Ein halbes Dutzend Bänder wurden als Modelle zurückgelassen, und mit diesen begann Madame Guix ihre Vorführungen. Sie beruhigte ihre Zuhörer bald, und bald wollten alle unbedingt versuchen, sich im Verbinden zu versuchen. Die naive Ungeschicklichkeit dieser armen Seelen war äußerst erbärmlich, aber ihr Patriotismus war so groß, dass sie sich keinen einzigen Augenblick lang lächerlich vorkamen und da standen und die langen Leinenrollen mit Bändern umwickelten, die eher daran gewöhnt waren, einen Spaten zu schwingen oder einen Pflug zu lenken. Immer wieder begannen sie von neuem mit bestimmten schwierigen Vorgängen, spielten abwechselnd die Puppe und boten als Modelle Waden und Bizeps an, auf die so mancher Athlet stolz gewesen wäre.

Von den zwanzig Frauen verfügten nur zwei oder drei über wirkliche Geschicklichkeit, doch hielten wir das für ausreichend, denn in Zeiten der Not konnten die anderen leicht für notwendige Aufgaben von weniger entscheidender Bedeutung eingesetzt werden.

Von den Fenstern des Speisesaals, in dem der *Kurs* stattfand, konnten wir die Auffahrt hinuntersehen und alle Kinder der Nachbarschaft auf der Mauer des Burggrabens stehen sehen, die ihre Hälse reckten, in der Hoffnung, einen Blick auf das zu erhaschen, was im Schloss vor sich ging. Es war offensichtlich eine interessante Abwechslung, denn jeden Nachmittag kamen sie wieder, trotz Georges Drohungen, die Gendarmen zu rufen . Die kleinen

Teufel schienen zu wissen, dass die Gendarmen zu beschäftigt waren, um ihnen Aufmerksamkeit zu schenken, und ich versichere Ihnen, sie profitierten von ihrer Freiheit. Der kleine John Poupard und sein fünfjähriger Bruder waren die Anführer der Bande, und ich zitterte, dass ihre Neugier eines Tages ein tragisches Ende nehmen könnte!

Und meine Befürchtungen waren nicht unbegründet, denn eines Nachmittags hörten wir ein Kreischen und ein Platschen, gefolgt von Angstschreien, und wir wussten mit Sicherheit, dass jemand in den Graben gefallen war. Der Damm ist keine acht Fuß hoch, und zu dieser Jahreszeit gibt es im Fluss mehr Schlamm als Wasser, also war ich sicher, dass derjenige, der hineingefallen war, nicht in Gefahr war zu ertrinken – aber trotzdem eilte ich mit den anderen zur Stelle.

George, der den Lärm ebenfalls gehört hatte, erreichte den Ort des Geschehens vor uns. Bei unserer Ankunft fanden wir ihn knietief im Schlamm steckend, wo er sich gerade daran machte, einen kleinen schlaffen Körper ans Ufer zu hieven.

Johnny Poupard !

„Du meine Güte!“, dachte ich. „Diese Familie hatte ganz bestimmt nicht die Absicht, das Dorf aus Mangel an dramatischen Situationen verfallen zu lassen!“

„Er ist bloß ohnmächtig geworden, mehr erschrocken als verletzt“, erklärte Madame Guix , die sich buchstäblich auf ihn gestürzt hatte. „Nun also, meine Damen“, sagte sie und wandte sich den Frauen zu, die uns mit offenem Mund anstarrten, „nun also, hier ist eine großartige Gelegenheit, sich hervorzutun.“

Und so wurde der kleine John Poupard in die Krankenstation gebracht. Als erster Patient wurde er mit Sicherheit mit größter Aufmerksamkeit behandelt. Man hielt ihm Ammoniak unter die Nase. Das brachte ihn bald wieder zu sich, und nachdem Madame Guix alle Knochen sorgfältig untersucht hatte, stellte sie fest, dass keine Brüche vorhanden waren. Und dann begann das Verbinden!

Wenn ich jetzt daran denke, muss ich lächeln. Denn Johnny hatte nur ein paar Kratzer an den Armen, Knien und am Kopf, die ihm durch den plötzlichen Kontakt mit Brennnesseln am Flussufer zugefügt worden waren.

Unter normalen Umständen wäre das Kind wahrscheinlich aufgestanden und nach Hause gegangen und hätte seine Leiden eine Stunde später vergessen. Aber echte lebende Vorbilder, die tatsächlich Schmerzen haben, gibt es nur wenige, besonders bei „Kursen“ wie unserem, und die Menge an professionellem Können, die für diesen kleinen Bengel aufgewendet wurde, hätte sechs seiner Art heilen sollen. Aber die Frauen waren so glücklich!

Nach einer halben Stunde ähnelte Johnny Poupard eher einer ägyptischen Mumie als einem Menschen. Als seine Großmutter am Ort des Geschehens eintraf, fiel sie beinahe in Ohnmacht und wurde beinahe zur zweiten Patientin im Hilfskrankenhaus Nr. 7.

Es fiel uns ein wenig schwer, sie zu beruhigen, doch als ihr verlorener Enkel sich aufsetzte und nach Brot und Marmelade fragte, vergaß sie ihre Angst und begann, ihn zu schelten, weil er es wagte, ihr einen solchen Schrecken einzujagen und uns so viel Ärger zu machen.

* * * *

Gegen Ende der dritten Augustwoche galt die Mobilmachung als beendet und die Eastern Railroad wurde wieder für den öffentlichen Verkehr geöffnet; die Fahrpläne waren natürlich begrenzt und konnten sich jederzeit ändern, und die Gesellschaft lehnte es ab, für Verspätungen verantwortlich zu sein. Für uns im Schloss bedeutete dies wenig, außer dass wir unsere Post und die Tageszeitungen häufiger erhielten. Mehrere Freunde jedoch, die dachten, ich sei allein und so weit von der Hauptstadt entfernt nicht sicher, wagten es freundlicherweise, nach Villiers aufzubrechen, um mich zu überreden, in die Stadt zu kommen. Sie brauchten sieben Stunden, um Meaux (dreißig Meilen von Paris entfernt) zu erreichen; sie mussten dort übernachten, weil bekannt gegeben wurde, dass ihr Zug nicht weiterfuhr – und schlimmer noch, sie brauchten achtzehn Stunden, um nach Hause zu kommen.

„ Waren die Leute nicht wütend?", fragte ich, als sie mir später von ihrem Abenteuer erzählten.

"Nicht im Geringsten. Jeder ertrug es geduldig als Teil seiner Hommage an sein Land. 'Die Armee zuerst' war ihr Motto."

Die erste Ladung Post brachte mir jede Menge altbackene Briefe, die in Paris angekommen und drei Wochen lang aufbewahrt worden waren. Einladungen zu einer Hausparty in Belgien und solche Dinge, die mir jetzt so seltsam fehl am Platz vorkamen. Die beiden wichtigsten Dokumente kamen jedoch, eines von meiner Cousine Marie Huard (Oberin des Klosters des Kindes Jesu in Madrid) und das andere von Elizabeth Gauthier.

Meine Cousine hatte es sich zur Aufgabe gemacht, jedes Mitglied der Familie Huard ausfindig zu machen, das zum Militärdienst eingezogen wurde (und das sind viele, wenn man bedenkt, dass H. nicht weniger als zwölf verheiratete Onkel hat!), und sie legte mir eine Art Karte oder Stammbaum bei, auf dem die Namen, das Alter, die Regimenter usw. von etwa fünfzig Cousins verzeichnet waren, und bat mich, ihnen von Zeit zu Zeit zu schreiben und ihnen Mut zu machen.

Elizabeth Gauthiers Brief hatte einen schwarzen Rand – und ich zitterte, als ich ihn öffnete. Sie war allein in Paris und betrauerte den Verlust ihres ältesten Bruders, der am 9. August in der Schlacht von Mülhausen gefallen war. Ihre Einsamkeit machte ihr zu schaffen, und sie kündigte ihre Abreise zum Schloss ihrer Schwester in Burgund an.

Das war die erste wirkliche Traurigkeit, die der Krieg mir bisher beschert hatte. Es machte mich ganz traurig, denn Jean Bernard war nicht nur ein wunderbarer Freund, sondern auch einer der vielversprechendsten Ingenieure der jüngeren Generation in Frankreich. Sowohl Familie, Freunde als auch das Land würden einen solchen Verlust wohl bedauern.

Sogar die Herstellung und das Hissen einer riesigen Rotkreuzfahne über dem Schloss vermochte an diesem Tag meine Begeisterung nicht zu wecken. Der Schlag war zu grausam und hatte Ängste geweckt, die bis dahin in mir geschlummert hatten.

Am nächsten Tag durfte ich jedoch nicht über meinen Kummer grübeln, denn Yvonne (die von der Geflügelfarm) erkrankte an einem schweren Ischiasanfall, der sie ans Bett fesselte und bei jeder Bewegung einen Schmerzensschrei auslöste.

Natürlich war Madame Guix da, um mit anzupacken, aber das änderte kaum etwas an der Situation, also war ich gezwungen, die Jungs zu bitten, noch einmal „zu ziehen" und zu versuchen, der Arbeit gewachsen zu sein. Lleon nahm das mit solcher Bereitwilligkeit an, dass mir zum ersten Mal klar wurde, dass er vielleicht eine Schwäche für mein hübsches kleines Gänsemädchen hatte, und diese unerwartete Romanze, verwoben mit den Freuden und Ängsten des Augenblicks, erschien mir umso reizvoller.

Um dem Unglück die Krone aufzusetzen, hatte sich der alte Cesar einen Nagel in den Huf geschlagen, und Madame Guix verbrachte die meiste Zeit mit Sauerstoffinjektionen im ersten Stock und Jod- und Leinsamenpackungen im Stall. Das bedeutete natürlich, dass alle Besorgungen außerhalb des Dorfes mit dem Fahrrad erledigt werden mussten, und George wurde „zum Dienst einberufen". Gegen Mittag des 27. trat er seine erste Heimreise von Charly an und brachte die Post und die Zeitungen mit, und ein sehr aufgeregtes Gesicht.

„Madam, ich habe einen gesehen!" rief er, als ich in der Tür erschien.

„Was gesehen?"

" *Un Helm auf Punkt!* "

"Ein Was!"

„Ja, ein Spitzhelm. Ich stand neben dem Postamt in Charly , als eine lange Autokolonne auf der Straße nach Paris vorbeifuhr. Ich erkannte die belgische Uniform, und einer der Soldaten beugte sich vor und hielt einen deutschen Helm hoch! Was für eine Trophäe!“

„Die Belgier! Was in aller Welt machen die hier unten?“, dachte ich. Und George erriet meine Frage.

„Oh“, fuhr er fort, „wissen Sie, ihr Regiment wurde von den Deutschen in Charleville in zwei Hälften zerlegt, und die Entkommenen haben es geschafft, sich ein Auto zu besorgen und sind auf dem Heimweg – auf einem Umweg über Le Havre nach Antwerpen . Das hat die Hotelbesitzerin gesagt. Sie hat einem Auto, das voll war und anhielt, etwas Wein angeboten.“

Wenn das stimmte, war das eine erstaunliche Neuigkeit! Damals lief es nicht so gut, wie die inzwischen sehr zurückhaltenden Zeitungen vermuten ließen. Aber es schien alles so weit weg, dass ich mir keine Sorgen machte.

Guix aufsuchen und ihr erzählen, was George berichtet hatte, als mir ein amüsanter Anblick ins Auge fiel.

Von ihrem offenen Fenster aus, zu dem sie uns gebeten hatte, ihr Bett zu schieben   ,
amüsierte sich Yvonne damit, ihre Entenküken zu rufen.

„ Bour-ree – bour-ree !“

Dann ertönte vom gut zweihundert Meter entfernten Bauernhof die Antwort: „Quacksalber! Quacksalber! Quacksalber!“

Groß und Klein erkannten den Ruf ihres kleinen Frauchens und beeilten sich, ihm zu folgen.

„ Bouree-bour-ree-bouree !“, rief Yvonne immer wieder.

Offenbar beschlossen die Enten, eine Beratung abzuhalten und Delegierte zu schicken, um herauszufinden, was ihre Freundin in aller Welt davon abhielt, sich persönlich um sie zu kümmern, da sie ihre Stimme hören konnten. Denn als ich über den Rasen zur Tür blickte, können Sie sich meine Überraschung vorstellen, als ich etwa dreißig oder vierzig Rouener Enten aller Größen die Stufen hinaufwatscheln sah und in den Vorraum kam.

„ Bour-ree , bour-ree !“, fuhr Yvonne fort.

„Quacksalber, Quacksalber, Quacksalber!“, kam die Antwort und als ich die Eingangshalle erreichte, fand ich sie alle am Fuß der Treppe zusammengedrängt, ihre Perlen auf eine Seite gelegt, und wartend auf die Entscheidung ihres Drachens, bevor sie sich daran machten, die Marmortreppe hinaufzusteigen.

Am selben *Nachmittag d'infirmieres* begab sich auf den Rasen vor dem Schloss. Das Wetter war zu herrlich, um drinnen zu bleiben. Die Vorführungen waren zu Ende und die meisten Frauen hatten sich zurückgezogen, als eine der Zurückgebliebenen den Finger hob und um Ruhe bat. „Hört", sagte sie, „die Kanone!" Sie brauchte nicht weiter zu gehen. In weniger als einer Sekunde spitzten wir unsere Ohren nach Osten!

„Da!", sagte sie, „da geht es schon wieder!"

Drei von uns hatten aus großer Entfernung ein Geräusch gehört, das seltsamerweise dem Knallen eines Korkens ähnelte. Ich erinnerte mich an die Indianergeschichten meiner Großmutter und streckte mich mit dem Ohr am Boden im Gras aus. Diesmal hörte ich das Rollen so deutlich, dass sich mein Gesichtsausdruck verändert haben muss, denn zwei der Frauen schauderten und gingen hastig weg.

Ich vermutete sofort, dass sie losgingen, um die Neuigkeiten zu verkünden, und machte mich daher darüber lustig, indem ich erklärte, es müsse sich um die Erprobung schwerer Artillerie in Chalons handeln. Als Madame Guix und ich jedoch allein waren, sahen wir uns mit fragenden Blicken an.

Wir dachten an unser Krankenhaus, an unsere Vorräte, an unsere völlige Nutzlosigkeit, wenn Soissons uns nicht noch erreichen konnte – und ich beschloss, zum Apotheker in Charly zu gehen und zu sehen, was getan werden konnte. Am nächsten Morgen, Samstag, dem 29., begab ich mich nach Charly und konnte dort vom alten Apotheker, der mich für verrückt gehalten haben musste, die Grundausstattung einer rudimentären Krankenstation erbetteln. Saugfähige Watte konnte ich mir in kleinen gerollten Paketen vom Tuchhändler besorgen, und nachdem ich versprochen hatte, die Jungen am Nachmittag mit einem kleinen Bandwagen dorthin zu schicken, kehrte ich nach Hause zurück, ohne etwas Ungewöhnliches bemerkt zu haben, außer der häufigen Durchfahrt von Autos in Richtung Paris – alle mit Höchstgeschwindigkeit und beladen mit den seltsamsten Insassen und Gepäckstücken.

Bei meiner Rückkehr herrschte große Aufregung vor unserem Tor, denn ein Privatwagen mit Verwundeten hatte angehalten, als er unsere Rotkreuzfahne sah, und Madame Guix hieß sie willkommen.

Sie waren *kleine Blessen* , alle konnten reisen, litten aber wahrscheinlich mehr unter der Hitze und den Entbehrungen als unter ihren Wunden. Sie hatten keinen Befehl anzuhalten, hofften aber, dass wir sie ein wenig ausruhen ließen, bevor wir weiterzogen – und ob wir ihnen etwas zu essen geben könnten?

Angesichts unserer prekären Lage war das alles ein großes Glück, und wir taten gern unser Bestes. Es waren sechs arme Kerle, die zu verschiedenen

Regimenten gehörten, aber alle so müde waren, dass es grausam erschien, sie durch Fragen daran zu hindern, sich auszuruhen. Das konnten wir später tun.

Die Jungs hatten sich kaum ausgestreckt, als ein weiteres Auto vor dem Tor anhielt. Darin befanden sich neben drei Soldaten auch ein junger Offizier mit dem Arm in einer Schlinge, und er fragte, ob wir ihnen Wasser geben könnten. Leon sagte ihnen, sie seien herzlich willkommen, wenn sie hereinkommen und sich ausruhen wollten – im Haus lägen bereits ein halbes Dutzend Verwundeter, die schliefen. Bei diesen Worten sprang der Leutnant herunter und fragte nach dem *Medizinmann* . Er war ziemlich überrascht, als ich erschien, und sagte ihm, dass im Schloss noch keine Militärbehörde installiert sei.

„Dann muss ich die ganze Verantwortung für die Männer übernehmen", sagte er sehr freundlich, aber bestimmt. „Es tut mir leid, aber sie können nicht hier bleiben. Ich muss sie sicher in einem großen Zentrum außerhalb des Einsatzgebiets abliefern."

Es war Zeit für Fragen – und ich erfuhr mit Erstaunen, dass Lüttich gefallen war, Belgien besetzt worden war und dass in St. Quentin, nur 130 Kilometer entfernt, schwere Kämpfe stattfanden. „Die Kanonen von gestern waren kein Zielschießen", dachte ich. Die Männer schienen jedoch alle so hoffnungsvoll, dass wir nie Bedenken hatten.

„Wie Sie wollen, Monsieur", sagte ich, und die müden Jungen wurden geweckt und weggebracht, bevor wir Zeit hatten, nach Namen, Adressen oder weiteren Einzelheiten zu fragen.

Das alles war so schnell geschehen, dass wir keine Zeit gehabt hatten, unsere Assistenten herbeizurufen, und plötzlich waren Madame Guix und ich allein im leeren Vestibül.

IV

An diesem Nachmittag geschah nichts weiter. Madame Guix' Kurs verlief wie üblich, vielleicht mit etwas lebhafteren Gesprächen und vielen Spekulationen darüber, wann und wo diejenigen, die im Schloss Halt gemacht hatten, verwundet worden waren. Niemand wusste es wirklich. Um die Wahrheit zu sagen, obwohl Madame Guix und ich sie später gefragt hatten, hatten die Soldaten selbst nur eine sehr vage Vorstellung von Zeit und Datum oder dem Aufenthaltsort.

In dieser Nacht wurde ich durch das leise Rumpeln schwerer Karren auf der Straße vor dem Schloss geweckt. Ich dachte, es sei vielleicht Artillerie auf dem Weg zur Front, zog meinen Morgenmantel an und ging bis zum Tor. Dort erblickte ich im blassen Mondlicht eine lange Reihe von Kutschen und Wagen aller Art, hoch beladen mit Haushaltswaren und voll mit Frauen und Kindern. Die Männer gingen neben den Pferden, um Zusammenstöße zu vermeiden, denn so weit das Auge reichte, erstreckte sich der beklagenswerte *Zug* den Hügel hinunter.

Was bedeutete das?

„Wer sind Sie?", rief ich einem der Männer zu, als sie vorbeikamen.

„Belgier – Flüchtlinge."

Flüchtlinge! Meine Gedanken kehrten zu Beschreibungen der Französischen Revolution und der Terrorherrschaft zurück, als so viele Menschen um ihr Leben flohen! So ein Unsinn! Waren wir nicht im 20. Jahrhundert? Gab es in Den Haag nicht einen Friedenspalast? Meine Gedanken gerieten in Verwirrung.

Ich öffnete das Tor, ging hinaus und sprach einen anderen Mann an.

„Willst du nicht hereinkommen und dich ausruhen?"

„Nein, das können wir nicht. Wir müssen die zwanzig Meilen bis zum Morgengrauen zurücklegen – und uns während der Tageshitze ausruhen."

„Aber warum verlässt du dein Zuhause?"

„Weil die Wilden uns ausgebrannt haben!"

Bah, der Mann muss träumen!

Ich drehte mich um und wandte mich an einen anderen:

„Warum so eilig?", fragte ich

„Sie sind uns auf den Fersen!", kam die Antwort.

Dieser war sicherlich verrückter als der andere!

Ein Dritter ließ sich zu keiner Antwort herab und marschierte unbeirrt weiter, den Blick fest auf die Straße vor ihm gerichtet.

Auf einem halb mit Lorbeer gefüllten Bauernkarren sah ich den ausgestreckten Körper einer Frau, neben der zwei andere knieten und sich um ihre Wünsche kümmerten. In der Kutsche, die folgte, befand sich die traurigste Gruppe alter Männer und Frauen mittleren Alters, die ich je zu sehen gehofft hatte. Alle schluchzten. Neben ihnen fuhren zwei große Jungs auf Fahrrädern. Ich hielt einen von ihnen an.

„Was ist mit ihr los?", fragte ich und zeigte auf die Frau auf dem Wagen.

"Sie ist verrückt."

"?"

„Ja, sie hat den Verstand verloren."

"Wie, wann, wo?"

„Vor zwei Tagen, als wir X verließen (so sehr ich mich auch bemühe, ich kann mich nicht an den Namen der kleinen belgischen Stadt erinnern), lag sie mit Fieber im Bett, als die Deutschen das Haus in Brand steckten – und wir hatten kaum Zeit, sie auf den Karren zu hieven. Ihr Mann blieb zurück, um ein paar Habseligkeiten zusammenzukratzen. Trotz unserer Bemühungen stand sie auf dem Karren auf, und plötzlich hörten wir eine Explosion und sie sah, wie ihr Haus in Flammen aufging. Sie wurde ohnmächtig. Draußen im Wald warteten wir eine Stunde, aber ihr Mann kam nicht. Vielleicht ist es auch gut so, denn als sie aufwachte, war ihr Geist völlig leer!"

Meine Güte! Ich rieb mir die Augen. Das konnte doch nicht wahr sein! Ich schlief! Es war bloß ein schrecklicher Albtraum. Aber nein – die Karren rollten im blassen Mondlicht weiter und trugen ihre schwere Last menschlichen Elends.

Das war mehr, als ich ertragen konnte. Jeder Gedanke an Schlaf war verschwunden, also ging ich und weckte Madame Guix . Wir zogen uns an und gingen in die Küche hinunter, wo wir mit ein paar glimmenden Kohlen bald ein gutes Feuer entzünden konnten. Wasser wurde zum Kochen gebracht und nach einer halben Stunde trugen wir zwei riesige Eimer heißen Kaffee, einen Eimer kaltes Wasser und einen Eimer Wein auf die Brücke. Niemand lehnte unsere Gaben ab und das herzliche „Gott segne euch " dieser freundlichen Seelen trieb uns mehr als einmal Tränen in die Augen.

Am Montag, dem 31. August, dämmerte es uns noch immer auf unseren Posten. Ich läutete die Glocke auf dem Bauernhof, rief meine Diener zusammen und sagte ihnen, wir würden alle Arbeiten auf dem Bauernhof bis auf die notwendigsten aufgeben und uns um die Bedürfnisse der Flüchtlinge kümmern. Um acht Uhr hatten sie genug Gemüse geschält und zubereitet, um zwei riesige Kupfertöpfe zu füllen, und die Suppe sollte kochen. Und noch immer folgte die lange Reihe schwerer Fahrzeuge einander die Straße hinunter: Umzugswagen, Lieferwagen, riesige Karren und sogar kleine dreirädrige Karren, die von Hunden gezogen wurden, rollten weiter Richtung Süden.

Auf die Frage, wohin sie gingen, antworteten die meisten Leute: „Geradeaus, *à la grâce de Dieu* .“

Am Morgen war die Hitze unerträglich geworden und ein prächtig aussehender Mann stieg von einem Karren und kam auf mich zu. Könnte er mit seiner Gruppe in die Auffahrt einbiegen und sich ein wenig im Schatten ausruhen?

Ich war nur zu gern bereit und bot jedem, der es annehmen wollte, gern heiße Suppe und Kompott an.

Zwei lange, schwere Karren, die jeweils von einem Paar der schönsten großen braunen Pferde mit cremefarbenen Mähnen gezogen wurden, die ich je gesehen habe, hielten im Hof. In den Wagen waren improvisierte Sitze aufgestellt worden, und aus diesen stiegen etwa zwanzig oder dreißig alte Frauen, Kinder und Männer, erschöpft von Müdigkeit, Angst und Schlafmangel. Sie taten mir leid, und in einem großzügigen Moment wollte ich ihnen meine Betten anbieten, damit sie sich gut ausruhen konnten, bevor sie wieder aufbrachen, aber beim zweiten Nachdenken dämmerte mir, dass ich sie für die Armee behalten musste! Wie schön wäre es, wenn plötzlich ein weiterer Wagen voller Verwundeter auftauchte und alle meine Stationen besetzt vorfand!

Ich erklärte ihnen meinen Standpunkt. Sie verstanden ihn sofort. Das war zu nett von mir. Es ging ihnen allen gut und sie brauchten keine Betten – ob ich sie ein paar Stunden in der Bucht schlafen lassen würde?

Aber noch besser, schlug ich vor, wäre es, wenn die Jungen etwa ein Dutzend zusätzliche Matratzen aus meinem Besitz in die Geschirrkammer brächten. Die Frauen könnten sich dort hinlegen und die Männer könnten sich ins Heu legen.

Sie hatten reichlich Lebensmittel, die sie unterwegs bei Dorfhändlern gekauft hatten, die noch nicht von Panik erfasst worden waren und ihre Läden geschlossen hatten. Also sagte ich ihnen, dass sie ihr Mittagessen auf meinem riesigen Herd kochen könnten, anstatt einzelne Feuer zu machen. Sie könnten auch meine Küchenutensilien und mein Geschirr benutzen, wenn sie abwaschen würden, und sich so das Auspacken ihrer eigenen Sachen sparen. Anscheinend war das eine unerhörte Großzügigkeit, und ich kann

Ihnen nicht sagen, wie oft ich an diesem Morgen meine Seele dem liebevollen Schutz der Heiligen Jungfrau anvertraute.

Während die Frauen das Essen zubereiteten, hatte George die Männer zum Waschhaus geführt, wo Wasser und Seife Wunder auf ihren staubigen Gesichtern bewirkten; einer nach dem anderen verschwanden alle Mitglieder der Gruppe in diese Richtung, und als sie sich um den langen Tisch im Refektorium versammelten, war die Gesellschaft völlig anders als noch eine Stunde zuvor.

Als sie sich hinsetzten, fiel mir auf, dass keiner von uns seit dem Vorabend gegessen hatte, und als ich mich auf einen Stuhl fallen ließ, merkte ich plötzlich, dass ich müde war. Berthe und Nini wollten jedoch wissen, wo ich zu Mittag essen würde, und waren ziemlich überrascht, als ich ihnen sagte, sie sollten eine Tischdecke auf den Küchentisch legen und den ganzen Aufschnitt, Käse, Brot, Butter und Marmelade aus der Speisekammer holen. Heute würde es für alle ein Stehpicknick geben, und außerdem würde es höchstwahrscheinlich ein Picknick-Abendessen werden; also wurde Julie angewiesen, zwei Hühner zum Braten und einige Kartoffeln zum Kochen vorzubereiten – beides erforderte nur wenig Aufmerksamkeit und würde immer bereit sein, wenn wir es brauchen würden.

Das Essen verlief in beiden Räumen in Stille, und der Abwasch war im Nu erledigt. Dann, als sie sich alle zurückzogen, um ihr Nickerchen zu machen, kam der Mann, der mich zuerst gefragt hatte, ob sie ins Schloss einbiegen dürften, und der der Anführer der Gruppe zu sein schien, in die Küche und bat mich, den Hut in der Hand, um ein paar Worte.

Er war nicht nur gekommen, um die Dankbarkeit seiner Landsleute auszudrücken, sondern auch sein Erstaunen darüber, dass ich Fremde so herzlich willkommen hieß. Ich versuchte, das Gespräch auf eine andere Richtung zu lenken, was sehr peinlich war, aber er wollte nichts davon hören.

„Wir sind keine Zigeuner, wissen Sie, Madame." Ich lächelte und sagte ihm, das sei mehr als offensichtlich. „Sehen Sie sich unsere Pferde und unsere Hunde an!" Und der gute Kerl erzählte mir, dass er der Verwalter eines großen Anwesens sei, das Madame Pyrme (der Schwester des gleichnamigen Senators) gehörte und in dem kleinen Dorf Hanzinell in Belgien lag. Er bot mir sogar an, seine Papiere zu zeigen, aber ich schüttelte den Kopf. Seine offenherzige Aufrichtigkeit und sein freimütiges Gesicht genügten mir.

Aber warum waren sie weggegangen? Das war es, was mich interessierte.

Weil ihr Land besetzt und die Städte und Dörfer nacheinander bombardiert, geplündert und niedergebrannt worden waren, bis kaum etwas oder gar nichts mehr übrig war. Weil alle Männer unter fünfzig als Geiseln oder Gefangene verschleppt worden waren; weil er gesehen hatte, wie kleine

Kinder ermordet und junge Mädchen gefoltert wurden; weil alles besser war, als hilflos in die Hände eines solchen Feindes zu fallen.

„Madam, in Charleroi habe ich das Blut in den Gossen fließen sehen wie Regen nach einem Sturm und das ist noch nicht einmal eine Woche her!"

Es war unmöglich, ihm nicht zu glauben. Sein Blick war nicht der eines Feiglings. Er erzählte seine Geschichte einfach; er war fast zurückhaltend, und manchmal musste ich ihn sogar ermutigen, einen Satz zu beenden. Schließlich fragte ich ihn, wohin er gehen wollte und warum so weit weg. Dachte er nicht, dass er hier sicher sei?

Nein, *jamais* ! Gestern in der Nacht hatten sie die Kanonen immer näher kommen hören. Sie kannten das Geräusch. Die Deutschen rückten vor. Sie wollten Paris, und nichts würde sie aufhalten, bis sie ihr Ziel erreichten.

„Außer der französischen Armee", sagte ich stolz.

„Gott gewähre Ihnen, die Wahrheit zu sagen, Madame!" Aber inzwischen schien er zu denken, dass man auf dem Weg einer riesigen Mähmaschine weitaus sicherer sei als auf dem Weg der deutschen Armee. Er war gekommen, um mir die Wahrheit zu sagen und mich zu warnen, dass ich mich zum Aufbruch bereit machen sollte.

„Sie sind hier hilflos, Madame. Drei Frauen, drei kleine Mädchen und zwei Jungen! Das ist ein Spiel mit dem Schicksal."

Ich konnte das jedoch nicht so sehen wie er. Die Papiere waren zwar sehr geheimnisvoll, aber sie hatten uns keinen Grund zur Beunruhigung gegeben. Bis jetzt hatten wir noch keinen einzigen Soldaten gesehen. Wenn es stimmte, dass die Franzosen sich zurückzogen, würden wir gehen, sobald die Armee auftauchte. Das würde noch genug Zeit sein.

„Aber mein guter Freund", sagte ich beruhigend, „wenn die Deutschen jemals hier ankommen, ist Paris dem Untergang geweiht – und der Krieg wird vorbei sein!"

"Vielleicht-"

„Außerdem kann ich nicht gehen. Ich habe ein Krankenhaus vor mir, aber es fehlen Verwundete. Haben Sie unsere Rotkreuzfahne nicht gesehen? Und wenn das nicht ausreicht, kann ich beweisen, dass ich gebürtiger Amerikaner bin. Das sollte für jeden Schutz genug sein!"

Ich muss zugeben, dass mich das ungläubige Lächeln, das sich auf seine Lippen legte, ziemlich verärgerte, und ich suchte nach einer weiteren Ausrede.

„Außerdem ist eines meiner kleinen Mägde zu krank, um sich zu bewegen, und ich sehe uns nicht mit verschränkten Armen davongehen, und das würde passieren, wenn ich Ihrem Rat folgte, denn das einzige Pferd, das mir die Armee noch hat, ist über zwanzig und so lahm, dass es nicht zwei Schritte gehen kann. Wenn es könnte, hätte ich es am Mittwoch zur zweiten Inspektion im Chateau Thierry vorführen müssen."

Der arme Kerl schüttelte den Kopf über meine offensichtliche Tollkühnheit, war aber zu höflich, um weiter zu diskutieren. Er sagte, seine Gruppe würde in einer Stunde aufbrechen und fragte mich, ob ich eine Straßenkarte hätte, die er zu Rate ziehen könnte. Gerne zeigte ich ihm die Karte, die wir am Tag unserer hastigen Reise von Paris mit H. gekauft hatten und die seitdem an der Wand des Refektoriums hing. Ich bemerkte, dass er sie sehr sorgfältig studierte und sich alle kleinen Umwege notierte, auf denen er dachte, dass seine Karren vorbeikommen könnten, um so zu vermeiden, hinter den Tausenden anderer Fahrzeuge zu fahren, die die Hauptstraßen verstopften.

Er dankte mir erneut für alles, was ich getan hatte, streichelte meine schönen Windhunde und hinterließ mir seine Karte, damit wir uns treffen könnten, wenn alles vorbei wäre. Als ich später in den Hof ging, hörte ich jemanden mit George im Stall, und als ich hineinschaute, sah ich meinen Freund, mit dem ich kurz zuvor den Huf meines Pferdes untersucht hatte, und er sagte meinem Jungen, was die Wunde schnell heilen lassen würde . Er würde bestimmt sein Bestes für mich tun!

Um fünf Uhr waren die Ställe und das Gelände leer und unsere Freunde weg. Hanzinell hatte sich der Kolonne angeschlossen, die während der Hitze des Tages etwas schwächer geworden war , sich aber verdoppelt hatte, seit die Sonne hinter den Hügeln verschwunden war.

Wir hatten eine kurze Atempause, in der wir Yvonne unsere ganze Aufmerksamkeit widmeten, die sich vor Schmerzen auf ihrem Bett neben meinem Zimmer krümmte. Seit drei Tagen hatte Madame Guix ihr nun leichte Morphiumdosen verabreicht, aber diese Behandlung konnte nicht sehr lange fortgesetzt werden. Wasserbeutel, Reibung und Massage hatten sich gegen Ischias als wirkungslos erwiesen, also beschlossen wir, es mit einem warmen Bad zu versuchen, mit dem Ergebnis, dass es unserer Patientin fast sofort besser ging, sie aber zu schwach war, um die Wärme zu ertragen. Sie wurde in der Wanne ohnmächtig und musste zurück ins Bett getragen werden. Wir arbeiteten noch an ihr, als Nini erschien und sagte, ich sei unten gefragt. Als Yvonnes Wimpern zu flattern begannen, verließ ich Madame Guix und begab mich wieder in die Küche, die nun unser Hauptquartier war.

Noch mehr Flüchtlinge! Würde ich sie hereinlassen? Sie waren ohne Karte oder Führer unterwegs und trauten sich nicht, nachts die Straßen zu betreten.

Natürlich waren sie willkommen, und die gleiche Gastfreundschaft , die den Flüchtlingen aus Hanzinell entgegengebracht worden war , wurde jenen aus Thuilly zuteil – das ganze Dorf war da! – Bürgermeister, Vikar, Schmied und Bäcker, alle begleitet von verschiedenen Mitgliedern ihrer engsten Familien, die von den grausamen Eindringlingen aus ihrer Heimat vertrieben worden waren. Sie waren entsetzt über die Schrecken, die sie erlebt hatten, und erschöpft von ihrer gefährlichen Reise, und sie waren nicht geneigt zu reden; und was mich betraf, ich war so beschäftigt, in Gedanken versunken und völlig erschöpft, dass ich meine Neugier vergaß. Hier waren Menschen, die den Trost brauchten, den ich ihnen bieten konnte. Ich stellte keine Fragen und gab ihnen keine.

Was jetzt am deutlichsten auffiel, war die Tatsache, dass die Rationen in dieser Gruppe geringer waren als bei denen, die am Morgen Halt gemacht hatten, und das lag sicher nicht an Geldmangel. Alle hatten Geld – Gold in Hülle und Fülle.

Sie hatten weniger zu kaufen gefunden – *voilà, tout* . Sie nahmen die Gemüsesuppe, den Kanincheneintopf und das gekochte Obst, das wir zubereitet hatten, gern an, bestanden aber darauf, ihre Portionen zu bezahlen, was ich natürlich zu ihrem großen Missfallen ablehnte, und ich bin sicher, dass die Diener für ihre Mühe reichlich entlohnt wurden.

Und was waren ihre Pläne? So weit wie möglich nach Süden zu gehen. Vielleicht würden sie irgendwann nach Marokko oder Kanada übersetzen. Warum nicht? Das ganze Dorf war dort – alle Männer hatten ihre Berufe. Sie würden kolonisieren, denn es war sinnlos, an eine Rückkehr „nach Hause" zu denken. Sie besaßen keine mehr, und wer konnte wissen – der Krieg könnte ein Jahr oder länger dauern?

Gegen diese Behauptung protestierte ich. Ein Jahr? Niemals! Die Finanzen des Landes würden das nicht vertragen, und ich erklärte weiter, wie ich während der Agadir-Krise vor drei Jahren in England von zuständigen Behörden gehört hatte, drei Monate seien die absolute Höchstdauer der Feindseligkeiten! Das munterte sie ein wenig auf – besonders, als ich den russischen Vormarsch ankündigte und wir auf der Karte die schnelle Fahrt der berühmten „Dampfwalze" vermerkten, die, wenn sie so weitermachte wie begonnen, sicherlich bis Weihnachten Berlin erreichen würde! (Ich gebe diese Aussagen ohne Kommentar weiter.)

Bevor sie sich zurückzogen, fragte Madame Guix , ob es jemanden gäbe, der sich auch nur im Geringsten unwohl fühle, denn es sei besser, Krankheiten im Keim zu ersticken. Und sie stach fröhlich Eiterungen und Blasen auf, badete, puderte und verband die Füße von etwa einem Dutzend alter und gebrechlicher Männer und kleiner Kinder, die an solche Gewaltmärsche nicht gewöhnt waren und sich aus Mangel an Zeit und heißem Wasser nicht richtig um sich selbst kümmern konnten! In diesem Moment kam sie mir wie eine Heldin vor und ich muss sagen, ich bewunderte ihre Geduld und Ausdauer, denn die Anblicke, die sie zu sehen bekamen, waren alles andere als angenehm. Die Armen! Und sie hofften, Marseille zu Fuß zu erreichen.

Der Kaiser und seine gesamte Armee hätten uns überfahren können, und wir hätten nichts gespürt, so fest schliefen wir die ersten paar Stunden, nachdem wir unsere Betten berührt hatten. Um zwei Uhr morgens (am 1. September) war jedoch viel Bewegung in den Scheunen und Ställen, und meine Hunde, die unruhig waren, begannen an meiner Tür zu kratzen, um freigelassen zu werden. Da wir darauf bedacht waren, dass niemand ohne eine Tasse heißen Kaffee ging, begaben sich Madame Guix und ich bei Tagesanbruch in die Küche, und eine Stunde später verabschiedeten wir uns von unseren „Untermietern für eine Nacht". Ich dachte an meine Kodak , und als die Sonne durch die Wolken lugte, machte ich einen Schnappschuss von meinen abreisenden Gästen, als sie um die Ecke des Schlosses bogen.

Sie reihten sich hinter dem Strom anderer Karren ein, an dessen Anblick wir uns inzwischen gewöhnt hatten. Tatsächlich überraschte uns dieser allgemeine Exodus nicht mehr. Es schien, als hätte sich die Panik wie ein Tropfen Öl auf einem Blatt Papier über ganz Flandern ausgebreitet. Für uns, die wir uns als Bewohner eines Vororts von Paris fühlen, ist Belgien so weit weg!

Ich schloss meinen Film und war auf dem Weg zurück zum Haus, als zwei sehr vornehm aussehende Mädchen von ihren Fahrrädern stiegen und nach dem Weg fragten. Ich gab ihnen gern Auskunft und wagte im Gegenzug ein paar Fragen.

Sie kamen aus St. Quentin! Das hat mich überrascht. Sie waren zwei Tage *unterwegs gewesen* . Sie hatten die Deutschen nicht gesehen, aber die Stadt war offiziell evakuiert worden. Ein Mann auf einem Fahrrad war am Tag zuvor an ihnen vorbeigerast und hatte die Bombardierung und Zerstörung ihrer Heimatstadt verkündet! Heftige Kämpfe bei La Fere .

St. Quentin! Dann waren die Deutschen auf unserem Boden! Die Belgier hatten recht – sie rückten offensichtlich schnell vor. Aber warum sich Sorgen machen? Wir waren sicher, solange die französische Armee zwischen uns und ihnen war.

Obwohl der Tag erst ein paar Stunden alt war, war ich müde. Diese Hotellerie in so großem Maßstab mit so wenig Unterstützung begann meine Kräfte zu strapazieren. Ich öffnete das Tor und sagte George und Leon, sie sollten jeden willkommen heißen, der hereinkommen wollte. Dann begab ich mich in die Küche, setzte mich hin und begann den anderen beim Gemüsezubereiten zu helfen. Die Entdeckung, dass die Gäste trotz all ihres guten Willens zwangsläufig viele Spuren ihres Vorbeikommens hinterlassen hatten, brachte mich wieder auf die Beine, und wir waren alle eifrig bei der Arbeit, als ein hageres Frauengesicht durch das Küchenfenster blickte.

"Gibt es hier einen Arzt?"

"Nein, aber-"

Die Frau brach in Tränen aus. Madame Guix und ich eilten in den Hof. „Mein Baby – ich kann es einfach nicht wärmen", stöhnte die arme Mutter. „Sie hat seit gestern nichts gegessen."

Und die Frau streckte die Arme aus und zeigte uns ein Baby, das sie in ihrer Schürze getragen hatte. Es war tot.

Es fiel mir schwer, meine Gefühle zu unterdrücken, aber Madame Guix nahm die arme kleine Leiche in die Arme und ich half der Mutter zu einem Sessel im Refektorium.

Eine Tasse starken Kaffee brachte etwas Farbe auf ihre blassen Wangen zurück und sie erzählte uns, dass sie aus Charleville stamme. Die Taubes hatten bei ihrem finsteren Treiben gute Erfolge unter der Zivilbevölkerung erzielt, aber sie waren nur die Vorboten eines weiteren und schwereren Bombardements. Die Stadtbewohner waren in ihren Nachthemden geflohen.

"Bist du allein?"

„Ja, ich bin keine gebürtige Charlevillerin. Mein Mann und ich sind erst seit einem Jahr verheiratet. Er ist am zweiten August abgereist und das Baby wurde am zehnten geboren. Sie ist erst drei Wochen alt."

Kein Wunder, dass die Mutter abgekämpft aussah – 150 Meilen zu Fuß, mit einem Neugeborenen im Arm, auf der Flucht vor den barbarischen Horden um ihr Leben!

Ich drückte ihr noch eine Tasse Kaffee mit einem Tropfen Brandy hinein. Sie sah uns beide flehend an und trank dann.

„War Ihr Mann gut zu Ihnen?", fragte Madame Guix .

„Ach ja, Madame."

„Liebst du ihn genug, um ein weiteres Opfer zu ertragen, wie es die wahre Ehefrau und Mutter ist, die du bist?"

"Ja."

Und dann sagten wir ihr, ihr Baby sei fort – fort in ein schöneres Land, in dem es keinen Krieg gibt. Sie sah uns erstaunt an, vergrub ihren Kopf in ihrem Arm und schluchzte still, aber unterwürfig.

„Komm, komm, du musst schlafen – und wenn du ausgeruht bist, helfen wir dir, Platz in einem Karren zu finden, der dich zu deinen Eltern bringt."

Sie warf ihrem Erstgeborenen einen langen, liebevollen Blick zu und ließ sich wegführen.

Wir konnten nur den Tod im Rathaus offiziell bekannt geben. Ein kleines Leinentuch diente als Leichentuch, eine saubere, mit Blumen geschmückte Seifenkiste bildete den Sarg des Babys, und Gregor und ich waren die Totengräber und Haupttrauernden, die den winzigen Körper auf dem kleinen, von Weinreben umwucherten Friedhof zur Ruhe betteten. Der Krieg wollte es so.

Als ich vom Friedhof zurückkam, fand ich eine weitere Ladung Flüchtlinge im Hof. Diesmal waren es eine Hotelbesitzerin und ihre Diener aus den Ardennen. Sie hatten jedoch die bevorstehende Flucht vorausgesehen und einen Großteil ihrer Haushaltsgegenstände und Wertsachen sorgfältig auf mehrere Wagen geladen, wobei sie darauf achteten, dass alle gut ausbalanciert und richtig beladen waren, um das größtmögliche Gewicht zu tragen, ohne die Pferde zu ermüden. Sie brauchten weniger Aufmerksamkeit als die anderen, denn als ich ihnen erklärte, dass das Haus ihnen gehörte, gingen sie schnell und leise an ihre Arbeit, standen niemandem im Weg und erfüllten alle Wünsche ihrer Herrin, die in ihrem Abteil saß und Befehle erteilte.

Später gesellten sich die Insassen zahlreicher anderer Kutschen zu ihnen, alle aus demselben Bezirk – mit denen ich jedoch kaum Kontakt hatte. Von einer armen Frau erfuhr ich jedoch, dass ihre beiden Töchter, sechzehn und siebzehn Jahre alt, seit zwei Tagen nicht mehr in der Gruppe waren. Sie waren mit dem Vikar im Wagen, der angehalten hatte, um sein Pferd zu tränken, und so seinen Platz in der Reihe verlor. Als sie die Stelle erreicht hatten, an der sich die Straße gabelte, welche Richtung hatte er eingeschlagen? Was war aus ihnen geworden? Sie heftete ihren Namen und ihre Route an die Wand des Refektoriums und bat mich, sie ihnen zu geben, falls sie jemals nach ihr fragen würden. Meines Wissens sind sie nie vorbeigekommen.

Beim Mittagessen verkündete Madame Guix , dass es Yvonne besser ging. Nicht gerade gut, aber besser. Das fiel mir eine große Last von den Schultern.

Die Mutter des armen kleinen Kindes, das wir begraben hatten, schlummerte friedlich auf einer Liege im Krankenhaus, und kurz darauf kam Leon herein und sagte, dass der alte Cesar zum ersten Mal seit vier Tagen wieder einen Huf auf den Boden gesetzt hatte. Bravo! Ich war sehr erleichtert.

Und noch immer rollten die Karren das Tal hinunter, ihr Lärm hallte zwischen den Hügeln wider. Heute gab es keine Ruhepause: Auch in der

Mittagshitze rumpelten sie vorbei, immer dichter und schneller, wie es mir schien.

„Zum Teufel mit ihnen!", dachte ich. „Sie machen so viel Lärm, dass wir die Kanone nicht einmal eine Meile entfernt hören könnten." Und in der Hoffnung, dass ich durch dieses Geräusch vielleicht etwas Zuversicht gewinnen könnte, wollte ich mich gerade auf den Weg zum höchsten Punkt des Parks machen, um zu lauschen. An der Tür wurde ich jedoch von einem der beiden Männer angesprochen, die seit mehreren Tagen mein Heu auf den Stallböden bündelten. Er gab vor, krank zu sein. Ob ich ihn bezahlen und gehen lassen würde? Er würde morgen wiederkommen und die Arbeit beenden, wenn es ihm besser ginge.

Da seine Bitte nichts Ungewöhnliches war, beglich ich seine Rechnung und sagte ihm, er solle sich ausruhen. Ich weiß jetzt, dass er ein deutscher Spion war, und habe vor kurzem erfahren, dass er vierzehn Tage später in Villers-Cotterets gefasst und erschossen wurde .

Ich frage mich, was mich dazu getrieben hat, diesen langen, mühsamen Aufstieg auf mich zu nehmen. Offensichtlich habe ich herausgefunden, was ich wissen wollte, aber die Nachrichten waren alles andere als beruhigend. Ich hörte die Kanone deutlich: so deutlich, dass ich ein wenig verunsichert war. Nicht nur hatte ich das lange, immer gleichmäßige Rollen gehört (das ich bereits vor drei Tagen bemerkt hatte), sondern ich hatte auch einen Unterschied im Kaliber jedes abgefeuerten Geschosses feststellen können, und zu all dem kam ein komisches Klappern, als würde man einen Holzstock an einem eisernen Zaun entlangziehen. *La Fere* leistet heldenhafte Verteidigung, dachte ich, glückselig unbewusst der Tatsache, dass es völlig unmöglich ist, eine Kanone aus dieser Entfernung zu hören – aus der Hälfte, nein, sogar einem Viertel dieser Entfernung. Beurteilen Sie dann selbst, wie nah es an Villiers war !

Seit zwei Tagen war der Krankenpflegekurs nun schon abgesagt worden, nicht aus Mangel an Begeisterung, sondern weil jede Hausfrau zu Hause mehr zu tun hatte, als sie erledigen konnte. Das Schloss war nicht der einzige Ort, an dem Flüchtlinge Halt machten, und alle Dorfbewohner hatten ihr Bestes getan, um es den Reisenden bequem zu machen. Von meinem Standpunkt aus, von dem ich die beiden Täler überblickte, konnte ich die endlose Reihe von Karren auf allen Straßen in meinem Blickfeld sehen, und auf jedem Bauernhof sowie an den Seiten der Hauptverkehrsstraßen standen Fahrzeuge, und dünne blaue Rauchsäulen, die gen Himmel stiegen, verrieten, dass das Abendessen im Gange war.

Die Bevölkerung meines eigenen Hofes hatte sich bis fünf Uhr vervierfacht. Menschen aus St. Quentin, Ternier , Chauny – jeder mit einer Geschichte des Grauens und des Kummers – suchten Zuflucht für die Nacht. Madame Guix hatte sich dauerhaft in der Ambulanz niedergelassen, und es bildete sich eine Schlange wie vor den städtischen Kliniken, jeder wartete, bis er an der Reihe war, in der Hoffnung, dass sie sein Leiden lindern könnte. Bei Einbruch der Dunkelheit bog ein Karren in die Einfahrt ein, und ein grauhaariger Mann fragte, ob wir eine Bahre hätten, auf der er seinen Sohn zum Haus bringen könne.

„Was war los?", fragte ich.

„Ein Husten – so ein schlimmer Husten."

Ich begleitete ihn zum Wagen und bot dort den traurigen Anblick eines Jugendlichen im Endstadium der Tuberkulose. Unbeschreiblich dünn, ein lebendes Skelett, richtete der arme Junge flehend seine großen, glasigen Augen auf mich. Ich nahm den Vater beiseite. Es war am besten, offen zu sein. Ich schüttelte den Kopf und sagte, es wäre sinnlos, seinen Sohn zu bewegen. Wir hätten keinen Arzt und seine Krankheit überstieg unsere Kompetenz. Decken Sie ihn gut zu und versuchen Sie, so schnell wie möglich eine große Stadt zu erreichen.

Als ich mich abwandte, klopfte mir ein kräftiger junger Mann sanft auf den Arm und bat um Obdach für seine Urgroßmutter, eine 93-jährige Frau, die er den ganzen Weg von St. Quentin auf dem Rücken getragen hatte. Ein Feldbett in der Eingangshalle war alles, was ich aus Vorsicht anbieten konnte, und es war bezaubernd zu sehen, wie zärtlich der junge Mann die arme kleine, verwelkte Frau zu ihrer Ruhestätte trug. Sie war so benommen, dass sie, fürchte ich, kaum realisierte, was geschah, aber Tränen der Dankbarkeit strömten ihr über die Wangen, als ihr Junge mit einer Schüssel heißer Suppe erschien, sie wie ein Kind zum Trinken überredete und sich schließlich auf dem Teppich neben ihrem Bett zusammenrollte.

Fünfmal an diesem Abend war der große Speisesaaltisch von hungrigen Männern und Frauen umringt; fünfmal schöpfte ich Suppe und Gemüse an vierzig Personen aus, und fünfmal halfen wir alle beim Abwaschen. Als schließlich alles abgeräumt war und Madame Guix und ich erschöpft auf zwei Küchenstühle fielen, war es schon weit nach elf Uhr abends.

Meine kluge Krankenschwester teilte mir mit, dass sie die Abreise der Mutter, deren Baby wir begraben hatten, auf einem Karren arrangiert hatte, und ich erzählte ihr im Gegenzug von meinem Aufstieg im Park und der Annäherung der Kanonen. Es war offensichtlich, dass die Deutschen auf uns zukamen, und zwar schnell. Als wir auf die Karte schauten und die Namen der Städte, Dörfer und Ortschaften sahen, deren Bevölkerung entlang der Straße aufeinander folgte, war klar, dass die Franzosen einen erzwungenen Rückzug antreten mussten oder (was unwahrscheinlich war) die Panik sich so schnell ausgebreitet hatte, dass ganz Nordfrankreich nun auf einer sinnlosen Reise nach Süden zog. Diese zweite Hypothese verwarfen wir. Wir hatten zu viele Leidensgeschichten gehört und zu viel Elend gesehen, um so etwas zu glauben. Nun, und was dann? Unser Fall war einfach – entweder würden die Deutschen aufgehalten werden, bevor sie uns erreichten, oder die französische Armee würde auftauchen, wobei es im letzteren Fall noch Zeit genug wäre, zu gehen, es sei denn, wir wären vorher offiziell evakuiert worden! Nachdem wir diese einfache Vorgehensweise übernommen hatten, zogen wir uns zurück, völlig zufrieden und nicht im Geringsten beunruhigt.

Als ich am Mittwochmorgen, dem 2. September, in der kühlen, grauen Dämmerung meine Fensterläden öffnete und auf den kleinen Platz gegenüber dem Schloss blickte, war ich erstaunt, dass die Flüchtlinge, die dort Halt gemacht hatten, in Karren und Wagen saßen, deren Schilder mir sehr vertraut waren. Sie kamen aus Soissons!

„Hallo", dachte ich, „ich werde mal nachsehen, was sie zu sagen haben! Die Lage muss sehr schlimm werden, wenn eine große Stadt wie Soissons plötzlich den Rückzug antritt." (Soissons liegt nur etwas mehr als dreißig Kilometer von Villiers entfernt.) Als ich die Treppe herunterkam, hörte ich den Trommelwirbel, und George, der gerade mit der Milch erschien, verkündete, dass die Pferdebeschlagnahme, die an diesem Morgen in Chateau-Thierry hätte stattfinden sollen, auf unbestimmte Zeit verschoben worden sei. Das war nicht gerade beruhigend, zumal es die erste offizielle Nachricht war, die wir seit langer Zeit erhalten hatten.

Wir waren so damit beschäftigt, denen, die im Schloss geschlafen hatten, beim Weggehen zu helfen, dass ich keine Zeit hatte, meine ersten Absichten in die Tat umzusetzen, und als ich endlich einen Moment Zeit hatte, sah ich aus dem Fenster und sah, dass meine Freunde aus Soissons verschwunden waren. Auch sie: so, so, so!

Ich war nicht überrascht; tatsächlich schenkte ich der Sache kaum Beachtung. Wir hatten unsere Vorsätze am Abend zuvor gefasst und hatten keine Zeit, alle fünf Minuten innezuhalten und uns zu fragen, ob wir richtig oder falsch lagen. Als mich jedoch am Mittag eine alte Bäuerin durch das Küchenfenster rief und mir mitteilte, dass Charly schleunigst abreisen würde, zuckte ich, muss ich zugeben, zusammen, aber nur für eine Sekunde. Wenn ich all den verschiedenen Gerüchten Glauben geschenkt hätte, die in der letzten Woche die Runde gemacht hatten, wäre ich inzwischen ein würdiges Opfer für die Irrenanstalt gewesen!

Entschlossen, der Sache auf den Grund zu gehen, schickte ich George nach Charly (unsere sechs Kilometer entfernte Marktgemeinde), um herauszufinden, was er herausfinden konnte. Zur Mittagszeit kam er mit dem Fahrrad zurück und brachte die folgenden erstaunlichen Informationen mit.

Der Hotelbesitzer und seine Frau, die durch die Ankunft der Soissonais alarmiert waren, nahmen ihr Auto und machten sich auf den Weg in diese Stadt, um Neuigkeiten zu erfahren. Sie kehrten eine Stunde später zurück, da sie Oulchy -le-Chateau, 24 Kilometer von Charly entfernt, nicht passieren konnten, weil dort alle Brücken zerstört oder gesprengt waren! Sie trafen ihre Vorbereitungen für die Abreise.

"Und", fuhr George in aufgeregtem Ton fort, " als ich an der *Gendarmerie* vorbeikam, rief mich der *Brigadier* und verabschiedete sich. Alle *Gendarmen* hatten den Befehl erhalten, sofort zu ihrem Depot in - aufzubrechen." (Der Name einer Stadt auf der anderen Seite der Marne, an den ich mich nicht erinnern kann.)

Anstatt mir Angst zu machen , regte diese Information meine Nerven an, die durch die viele Arbeit und die wenigen Neuigkeiten bereits zu strapazieren begannen.

„Gut", sagte ich. „Also gut, wir können die Soldaten jeden Moment erwarten. Schür das Feuer an, Julie, und wir machen uns an die Arbeit, damit wir eine heiße Suppe fertig haben, wenn unsere Jungs ankommen."

Dann ging es richtig zur Sache. Wie schön, dass ich helfen konnte, denn meiner Meinung nach war unsere Lösung die einzig mögliche für das Problem.

Mit neuem Elan machte ich mich an die Arbeit, und wie schon am Tag zuvor wurden wir ständig von Flüchtlingen besucht, die Behandlung und Betreuung brauchten. Wie gut erinnere ich mich an eine Gruppe von vier Personen, zwei Männer und zwei Frauen, die in den Hof stolperten und schüchtern ans Fenster klopften. Drei von ihnen nahmen gern Suppe und Wein an, aber die vierte, eine Frau mittleren Alters, sank auf die Stufen und vergrub den Kopf in den Händen.

„Warum nimmt ihr nicht einer von euch das schwere Gepäck ab, das sie auf den Schultern trägt?", fragte ich.

„Sie lässt uns nicht daran rühren. Sie hat es keine Minute weggelegt, seit wir vor sechs Tagen von zu Hause weggegangen sind!"

„Ist es wirklich so wertvoll?", fragte ich und beäugte das riesige, flache Paket, das etwa die Größe eines Doppelblatts einer Tageszeitung hatte.

„Es ist das Bild ihres Sohnes. Er ist zur Armee gegangen und sie ist allein auf der Welt."

„Aber warum um Himmels Willen trägt sie den Rahmen mitsamt Glas und allem? Bei dieser Hitze muss es sie fast umbringen!"

„Madame", sagte die Freundin der Frau feierlich, „sie hat sechs Monate gearbeitet und all ihre Ersparnisse in diesen Rahmen gesteckt! Wundert es Sie, dass sie ihn nicht zurücklassen wollte ? "

Ich öffnete eine Seitentür und zeigte ihnen einen Fußweg über die Berge, eine Abkürzung, die für Kutschen nicht möglich war, und drehte gerade den Schlüssel im Schloss, als das Telefon klingelte.

Das war das erste Mal seit dem zweiten August! Was konnte das bedeuten? Wahrscheinlich die Ankunft von Verwundeten. Ich bin buchstäblich geflogen, um den Anruf entgegenzunehmen.

Ich hatte ein wenig Mühe, Mademoiselle Mauxpoix ' Stimme zu erkennen: sie zitterte vor Erregung. Sie begrüßte mich höflich und teilte mir dann mit, dass sie gerade offizielle Anweisungen erhalten habe, alle ihre Telefone und Telegrafengeräte außer Betrieb zu setzen – sie so zu beschädigen, dass Reparaturen unmöglich seien.

„Ich habe noch zehn Minuten Zeit", fuhr sie fort. „Um vier Uhr kommt ein Regierungsauto, das mich, meine Angestellten und meine Bücher nach Tours bringt."

„Aber, Mademoiselle –"

Sie beachtete meine Unterbrechung nicht. „Sie können nicht bleiben, Madame Huard! Das dürfen Sie nicht! Keine Frau ist auf ihrem Weg sicher. Ich weiß das besser als Sie, denn ich erhalte seit über einem Monat offizielle Berichte! Das Schlimmste ist wahr! Um Himmels Willen, gehen Sie – Sie haben noch eine Chance, obwohl in den Straßen von Chateau Thierry heftig gekämpft wird! Um Gottes Willen, zögern Sie nicht. Adieu."

Sie war weg! Und ich stand benommen da!

„Harte Kämpfe bei Chateau-Thierry! Das ist nur sieben Meilen von hier", zählte ich.

Gehen? Wohin gehen? Wie? Gehen und meinen Posten verlassen, während Yvonne noch immer zu krank ist, um sich zu bewegen, und alle anderen auf meine Hilfe angewiesen sind? Gehen? Womit, wenn mein einziges Pferd zu lahm ist, um den Hof zu überqueren! Es war viel besser, zu bleiben und sein Hab und Gut zu verteidigen!

Und als ich dann langsam durch die Korridore zurückging, kam mir der Gedanke, dass ich trotz meines Wunsches zu bleiben vielleicht gezwungen werden könnte, hinauszugehen. Angenommen, das Schloss würde plötzlich zum Ziel der deutschen Kanonen werden? Nun, wir könnten uns alle in die Keller verkriechen, wie es die anderen 1870 getan hatten. Aber – und hier lag der Punkt – angenommen, die Franzosen würden das Schloss einnehmen und uns Frauen nur wenige Minuten Zeit geben, zu verschwinden, bevor die Schlacht begann. Was dann? Das war Stoff zum Nachdenken. Ich beschloss, Madame Guix und die beiden Jungen ins Vertrauen zu ziehen. Vier Köpfe waren besser als einer!

Sie nahmen die Neuigkeit gelassen auf und ich hätte beinahe ein Funkeln in Georges und Leons Augen erhaschen können. Die Aufregung gefiel ihnen.

Wenn Mademoiselle Mauxpoix richtig lag, waren die Deutschen jetzt auf dem Weg nach Villiers. Es war offensichtlich, dass die Franzosen hartnäckigen Widerstand leisteten, aber es bestand wenig Hoffnung, dass sie sie stoppen würden, bevor sie in unsere Nähe kamen. Eine Schlacht bedeutete die Vernichtung von Leben und Eigentum. Nun, da wir das Erstere noch besaßen, war es höchste Zeit, darüber nachzudenken, das Letztere zu retten. Die Sonne versank schnell hinter den Kiefern. In einer Stunde würde es dunkel sein. Was ich zu tun beschloss, musste sofort getan werden.

„George und Leon, holt meine beiden großen Koffer herunter und sagt Nini , sie soll den Esel vor seinen flachen Karren spannen und zur Seitentür fahren." Ich hatte beschlossen, so viel wie möglich von H.s Werk zu retten, und ging in die Abstellkammer meines Ateliers, um die Mappen mit den montierten Zeichnungen und Radierungen auszuwählen. Es war sinnlos, an die Gemälde zu denken. Sie waren zu groß. Die Koffer waren im Nu voll. Ich hatte keine anderen Behälter, also schloss ich widerwillig die nur halb leeren Schränke, tröstete mich mit dem Gedanken, dass all dies möglicherweise nutzlose Vorbereitungen waren, und betete zum Himmel, dass ich für den Fall des Schlimmsten eine gute Wahl unter den Mappen getroffen hatte.

Die Jungen luden die Koffer auf den Karren und machten sich auf den Weg zu einem Sandsteinbruch, wo wir, wie ich wusste, sicher graben und leicht einen kleinen Erdrutsch auslösen konnten, der alle Spuren unseres verborgenen Schatzes verwischen würde. Ich versprach, in einer Stunde wieder bei ihnen zu sein – so lange würden sie meiner Schätzung nach für eine so große Ausgrabung brauchen. Als ich in mein Zimmer zurückkehrte, packte ich meine Juwelen und Papiere in einen kleinen Koffer und legte sie neben meinen Pelzmantel und meine Kodak . Ein paar andere Schmuckstücke und unzählige Fotos waren in meinem Schreibtisch eingeschlossen, und da ich erkannte, dass es völlig unmöglich war, sie mit mir herumzutragen, fragte ich mich, wie ich sie in aller Welt schützen könnte. Plötzlich fiel mir eine winzige amerikanische Seidenflagge ein, die mir meine Mutter vor Jahren geschenkt hatte, als ich als Kind zu meiner ersten Europareise von zu Hause aufbrach . Ich fand sie an der gewünschten Stelle, schloss eine Kante in der Schublade ein, ließ die Streifen nach unten hängen und heftete die folgende Inschrift in ihre Falten:

„Ich schwöre, dass der Inhalt dieses Schreibtisches rein persönlicher Natur ist und nur für mich selbst von Wert sein kann. Daher hinterlasse ich ihn unter dem Schutz der Flagge meines Landes."

Ich war sehr stolz, als ich das geschafft hatte, und eilte dann in mein Ankleidezimmer, wo ich meinen Koffer hastig mit ein paar warmen Unterhosen, einem Wechselkostüm und einem zusätzlichen Paar Schuhe füllte. Ich war fast fertig und war von Herzen froh, dass diese nutzlose Arbeit vorbei war, als ich beim Blick aus dem Fenster Madame La Miche mit ihrem krausen Haar in ihrem Hundewagen die Avenue hinauffahren sah.

Madame La Miche und ihr Mann betreiben eine große Viehfarm in der Nähe von Neuilly St. Front, etwa 24 Kilometer von Villiers entfernt. Ich hatte sie oft auf Geflügel- und Landwirtschaftsausstellungen gesehen, wo ihre landwirtschaftlichen Produkte meist zahlreiche Preise abräumten. Sie war es, die mir vor kaum einem Jahr meine Kühe verkaufte.

„Du?", sagte ich, als sie die Stufen hinaufging.

„Ja. Unterwegs – wie alle anderen. Unser gesamtes Vermögen steckt in Vieh und ich werde versuchen, so viel wie möglich zu sparen. Dürfen wir reinkommen?"

Ganz bestimmt – und eine halbe Stunde später war einer der größten Bauernhöfe Frankreichs mitten auf mein Weideland gezogen! Das Ganze wurde in sehr geordneter Weise von Monsieur La Miche geleitet , der zu Pferd die Nachhut dieser riesigen Kavalkade aus etwa zweihundert weißen Ochsen bildete, die zu zweit nebeneinander angespannt waren, siebzig oder achtzig Pferde, ebenso viele Stuten mit jungen Fohlen und Gott weiß wie viele Kühe und Kälber; alles begleitet von der Stalltruppe. Die armen, müden Tiere, wie gierig tranken sie das kühle Wasser unserer Quelle, und wie bereitwillig ließen die schlauen kleinen Fohlen, deren zarte Hufe durch ihre unerhörte Reise bis ins Mark abgenutzt waren, zu, dass die Männer ihre Füße zum Schutz in grobe Leinenbinden mit Streifen alten Teppichs einbanden.

Madame La Miche war mittags offiziell evakuiert worden, also zögerte ich nicht, ihr zu erzählen, was ich gehört hatte. Sie war nicht überrascht und sagte, sie wolle um Mitternacht abreisen, aber ihre Tiere, die solche Anstrengungen nicht gewohnt seien, müssten ein paar Stunden Ruhe haben.

In der Küche fand ich George und Leon, die ihre Aufgabe schneller erledigt hatten, als ich erwartet hatte. Da ich mich auf ihr Wort verließ, dass es unmöglich sei, zu sagen, wo sie die Stämme vergraben hatten, ging ich nicht zurück zum Sandsteinbruch. Eine halbe Meile war unter den Umständen eine zu berücksichtigende Entfernung.

Während all dies vor sich ging, hatte Madame Guix Julie ins Vertrauen gezogen und sie gefragt, ob sie uns folgen würde, wenn wir gehen müssten. Julie stammt aus Villiers und ihr Mann und ihre Kinder leben in einem kleinen Haus in der Nähe . Sie hatte ihren Herrn konsultiert und sie waren bereit, ihr großes Zugpferd zu leihen, wenn sie alle mit uns gehen könnten. Natürlich stimmten wir zu und solange es hell war, beschlossen wir, einige Säcke Hafer auf den Boden unseres Heuwagens zu legen, um sie mit Heu zu bedecken, und dann konnten alle Diener hineinsteigen, wobei die Jungen sich beim Gehen abwechselten, da Yvonne Platz haben musste, um sich auszustrecken.

Wie ich das alles hasste! Madame Guix zählte dann die Zahl der Personen, die unsere Gruppe bildeten, und schickte Nini los, um so viele Decken und Kissen wie möglich zu holen. Diese wurden zusammen mit einer Schachtel mit Salz, Zucker, Schokolade und anderen trockenen Lebensmitteln, einem Reisekoffer mit einigen Verbänden und ein wenig Medizin auf einen kleinen, leichten Bauernkarren geladen, an den wir im Notfall Cesar anspannen konnten.

Nachdem die beiden Fahrzeuge beladen waren, fuhren sie in ein leeres Kutschenhaus und ich verschloss die Tür, ziemlich beschämt über meine Vorsichtsmaßnahmen.

Die Nacht war hereingebrochen und der ankommende Flüchtlingsstrom forderte unsere ganze Aufmerksamkeit. Madame Guix war mit zwei Frauen beschäftigt, deren körperlicher Zustand es unmöglich machte, ihnen Betten zu verweigern, komme was wolle – und als ich auf der Suche nach einigen Instrumenten durch den Vorraum ging, kam der Schatten einer Frau und zweier kleiner Mädchen die Stufen herauf. „Kann ich ihnen Unterkunft geben?“, flehte die arme Seele. Ich sah sie an – sie war so erschrocken, dass es fast mitleiderregend war, und die beiden Kinder mit den lockigen Perlen klammerten sich an ihre Röcke und zitterten.

„Ich bin noch nie allein gewesen“, erklärte sie, und ihre Zähne klapperten vor Angst. „Ich kann bezahlen, und zwar gut. Ich habe dreißigtausend Francs in Gold bei mir.“

„Dann, um Himmels willen, lass es niemanden wissen!“, sagte ich sehr abrupt. „Ich will kein Geld, aber es gibt andere, die es vielleicht wollen. Sei vorsichtig – ein Vermögen wie dieses kann zu deinem Untergang führen. Versteck es!“

Sie starrte mich erstaunt an. Offenbar war ihr der Gedanke, dass Unehrlichkeit existierte, nie gekommen. Sie dankte mir für den Rat und hoffte, dass sie mich nicht beleidigt hatte, und bat mich, Mitleid mit ihr zu haben.

„Hat Sie jemand hier hereinkommen sehen?"

Das dachte sie auch nicht.

„Denn wenn sie das täten, fürchte ich, müsstet ihr das gemeinsame Los teilen. Ich habe keinen Grund, euch den Vorzug zu geben. Die anderen könnten protestieren."

Ich streckte meinen Kopf aus der Tür. Als ich mich umdrehte, standen die drei hilflosen Wesen aneinandergeklammert in der großen, leeren Eingangshalle und bildeten eine höchst bemitleidenswerte Gruppe.

„Gehen Sie zwei Treppen hoch, biegen Sie links ab und folgen Sie dem Gang bis zum Ende. Die letzte Tür links führt in ein Zimmer mit einem riesigen Doppelbett. Es war zu groß für unser Krankenhaus. Nur deshalb haben wir es nicht heruntergebracht. Es steht Ihnen zur Verfügung. Danken Sie mir nicht. Gute Nacht."

Als ich einen Moment Zeit hatte, ging ich in Yvonnes Zimmer. „Dacht sie, sie könnte kurz aufstehen: lange genug, um etwas zu Abend zu essen? Vielleicht könnte sie sich ein paar Sachen anziehen und versuchen, in ihrem Zimmer herumzulaufen." Zehn Tage im Bett hatten sie sehr geschwächt. Sie musste versuchen, ein wenig Kraft zu gewinnen. Sie versprach es und ich ging. Die Vorstellung, sie körperlich hinauszutragen, war alles andere als ermutigend!

Um halb sieben wurde die öffentliche Suppenverteilung wieder aufgenommen. Wer meine Gäste waren, weiß ich nicht. Es waren mehr als hundert. Das war an den übrig gebliebenen Tellern deutlich zu erkennen. Gerade als die letzte Runde serviert worden war, kam George herein und sagte, dass im Dorf langsam Unruhe aufkam – die Leute aus Neuilly St. Front und Lucy-le- Bocage und Essommes waren bereits die Straße entlanggegangen, und die Bauern sahen sich zum Schloss um, um eine Entscheidung zu treffen!

Ich ging zum Tor. Ja, tatsächlich hatten sich unsere Nachbarn aus Lucy (fünf Meilen entfernt) der Prozession angeschlossen. Dann gab es eine Pause und eine Ruhe, wie es sie seit zwei Tagen nicht mehr gegeben hatte, und in der Stille erkannte ich wieder dasselbe Klappern, das mir am Nachmittag zuvor auf dem Hügelgipfel ins Ohr gefallen war. Diesmal war es viel deutlicher, wurde aber bald vom Rumpeln schwerer Räder auf der Straße übertönt.

Diesmal war es sicherlich Artillerie!

Ich hüllte mich fester in meinen Schal und setzte mich auf die niedrige Steinmauer, die den Burggraben begrenzt, während sich kleine Gruppen von Bauern, die nicht schlafen konnten, am Straßenrand zusammendrängten.

Das klirrende Geräusch kam immer näher, und plötzlich bog ein ganzes Regiment Kinderwagen, jeweils vier nebeneinander, um die Ecke ins Mondlicht.

Domptin !

Domptin , unser Nachbardorf, eine Meile die Straße hinauf, hatte sich mit dem Fieber angesteckt und zog in großer Zahl fort. Es transportierte seine Kranken und Gebrechlichen, seine Kinder und sein Hab und Gut in weiß Gott wie vielen Kinderwagen mit!

Ich hatte in meinem ganzen Leben noch nie so viele gesehen. Die Wirkung war durch und durch komisch, und Madame Guix und ich konnten uns das Lachen nicht verkneifen – sehr zum Entsetzen dieser armen Seelen, die es nicht sehr lustig fanden, nur spärlich bekleidet das Haus verlassen zu müssen.

Sie gingen ohne weitere Kommentare weiter, und der letzte Mann war kaum um die Ecke gebogen, als uns ein Schrei von oben auf der Straße aufschreckte und uns in diese Richtung rennen ließ. Fast augenblicklich erschien in der Ferne die Gestalt einer alten Bäuerin mit weißer Mütze. Sie rang die Hände und weinte laut. Als wir in Hörweite waren, hörte ich das Wort „ Ulanen !“

„ Ulanen ! Wo?“

„ *Dans le bois de la Mazure !* “ (Eine halbe Meile von Villiers entfernt.)

"Woher weißt du das?"

„Ich habe ihre Helme im Mondlicht glitzern sehen!“

„So ein Blödsinn! Das sind Franzosen – Dragoner. Man erkennt seine eigenen Landsleute nicht, wenn man sie sieht! Bist du auf sie zugegangen?“

"NEIN."

„Was, im Namen des gesunden Menschenverstands, hat Sie dann hierher getrieben, um uns so zu erschrecken? Es steht Ihnen nicht zu, Panik zu verbreiten. Wenn Sie nicht umkehren und nach Hause huschen, den Weg, den Sie gekommen sind, lasse ich Sie verhaften. *Allez !* “

Meine Nerven hatten der Belastung so lange wie möglich standgehalten. Dieser Fehlalarm hatte meinen Zorn geweckt und im Nu konnte ich sehen, wie Tausende von Menschen getäuscht worden waren und nun obdachlos auf den Straßen Frankreichs umherirrten!

„Ihr könnt machen, was ihr wollt“, sagte ich und wandte mich an die anderen, „aber für heute habe ich genug davon – ich gehe ins Bett. Gute Nacht, meine Herren.“

„Die *Schlossherrin* geht zu Bett, die *Schlossherrin* geht zu Bett!“ „Lasst alle zu Bett gehen“, und ähnliche Sätze hallten durch die Gruppen, und bald trennten wir uns alle, nach vielen *herzlichen Umarmungen* .

Die Uhr in der Dorfkirche schlug Mitternacht, als ich mich schließlich zurückzog, nachdem ich meine Windhunde und Betsy in mein Zimmer gerufen und mich vergewissert hatte, dass sie alle ihre Halsbänder trugen und ihre Leinen an meinem Bettpfosten hingen.

Nini , die kleine Verräterin, hatte Yvonne offenbar von meinen Abreisevorbereitungen erzählt, und die beiden Mädchen, deren Betten im Zimmer neben meinem standen, hatten ihre Augen nicht schließen können, denn als ich meine Lampe ausblies, hörte ich ihre Kinderstimmen den Rosenkranz beten:

„Gegrüßet seist du, Maria, voll der Gnade – der Herr ist mit dir …“

* * * * *

Ich habe vielleicht eine Stunde geschlafen. Dann kann ich mich dunkel an ein wildes Jaulen meiner Hunde erinnern, und als ich mich mitten in meinem Zimmer wiederfand und mir die Augen rieb, rief Yvonne in verängstigtem Tonfall: „Madame! Madame!“ Meine Haustiere waren ganz verrückt vor Aufregung, und das Geräusch der Hofglocke klang in meinen Ohren!

„Ruhe!“, schrie ich.

Alles außer der Glocke verstummte.

Ohne auf meine Kleidung zu achten, eilte ich zu einem hinteren Fenster und wiederholte meinen Befehl.

Die Glocke verstummte.

„Wer bist du, dass du es wagst, uns so zu wecken ! “, schimpfte ich.

Ein Junge zwischen achtzehn und neunzehn ließ das Seil los und trat unter das Fenster. Ich konnte sein blondes Haar im Mondlicht sehen.

„Sind Sie Madame Huard?“

"Ja."

„Ich komme mit einer Nachricht von Ihrem Mann.“

Mir wurde kalt wie Eis. Mein Gott, was war passiert?

V

Mit einem Satz war ich unten und hatte die Haustür geöffnet.

„Ist H. verwundet?", keuchte ich.

„Nein, Madame."

Ich atmete wieder.

"Wo war er, als Sie ihn gesehen haben?"

"Auf der Straße zwischen Villers-Cotterets und La Ferte Milon ."

"Was ist Ihre Nachricht?"

Der Junge griff in seine Brusttasche und zog einen Zettel hervor. Der Vollmond schien auf die weiße Fassade des Schlosses und warf ein so helles Licht, dass ich ein Blatt aus einem Skizzenbuch erkannte und die folgenden mit Bleistift darauf gekritzelten Worte erkennen konnte:

„Geben Sie dem Überbringer fünfzig Francs, und räumen Sie dann im Namen der Liebe, die Sie mir entgegenbringen, sofort das Weite; gehen Sie nach Süden, nicht nach Paris."

Die letzten Worte wurden drei- oder viermal unterstrichen.

„Wie spät war es, als H. Ihnen das gegeben hat?"

„Mittag oder so ungefähr."

„Wie bist du gekommen? Zu Fuß?"

„Nein, Fahrrad."

"Aber es ist nach Mitternacht!"

„Ich weiß, aber ich habe mich verfahren und hatte drei schlimme Reifenpannen."

Hier gab es Marschbefehle für die Messe, und wenn ich gehorchen wollte, war bereits genug Zeit verloren. Trotz allem zu bleiben hieß, für all die jungen Leben verantwortlich zu sein, die sich an mich wandten und Schutz suchten. Konnte ich es versprechen? Nein. Dann musste ich gehen!

Im selben Moment und als ob es meinen Entschluss bekräftigen wollte, durchdrang das seltsame Klappergeräusch, das ich in den letzten zwei Tagen immer näher kommend wahrgenommen hatte, die Nachtluft.

„Hört!" sagte der Junge. " *Die Mitrailleuse !* "

„Die Maschinengewehre!", wiederholte ich.

„ *Ja , Madame.* "

Das genügte. „Wir fahren in zehn Minuten los. Geh in die Küche. Ich schicke jemanden, der auf dich aufpasst, und dann gehen wir zusammen."

All das war schneller geschehen, als man es erzählen kann. Von der Glocke geweckt, strömten die Flüchtlinge aus den Ställen in den Hof. Eine Sekunde später kam George mit einer Laterne in der Hand auf mich zugerannt.

„Sag Leon, er soll Cesar anspannen – dann geh und wecke Julie und sag ihr, dass wir in zehn Minuten aufbrechen. Ich erwarte, dass sie und ihre Familie mit ihrem Pferd bereit sind. In zehn Minuten im Hof. Pass auf!"

Auf dem Treppenabsatz traf ich Madame Guix bereits vollständig bekleidet.

„ *Nous partons* " , war alles, was ich sagte. Sie verstand und folgte mir in Yvonnes Zimmer.

Die beiden Kinder sahen uns entsetzt mit klappernden Zähnen an.

„ Nini , zieh die wärmsten Kleider an, die du besitzt, und hilf Madame Guix, Yvonne anzuziehen. Geh dann in die Küche und warte dort, ohne dich zu bewegen."

Meine eigene Toilette war kurz, und fünf Minuten später hämmerte ich mit der Lampe in der Hand an alle Türen der langen Korridore, aus Angst, jemand könnte vergessen und im Haus eingeschlossen werden. Als ich den zweiten Stock erreichte, fiel mir die Frau mit ihren beiden Kindern ein, und als ich näher kam, rief ich: „Habt keine Angst. Das ist nur eine Warnung!"

Die arme Seele muss geträumt haben, denn als ich ihre Tür berührte, schrie sie, und als ich sie öffnete und die Lampe über meinen Kopf hielt, konnte ich die beiden kleinen Wesen sehen, die sich an ihre Mutter klammerten, die auf Knien flehte: „Nimm mich, aber verschone meine Babys!"

Es fiel mir einige Mühe, sie zu beruhigen, aber schließlich gelang es mir, und ich ließ sie nach unten ins Krankenhaus gehen.

Beim ersten Alarm waren die Frauen, die dort schliefen, entsetzt geflohen. Als ich sicher war, dass alle weg waren, ging ich sicherheitshalber in den Vorraum, stand am Fuß der Treppe und rief: „Alle raus! Alle raus! Ich schließe ab und gehe!"

Da niemand antwortete, ging ich davon aus, dass meine Aufforderung befolgt worden war, und eilte in mein Zimmer zurück, um Schmuck, Kodak und Haustiere zu holen. Auf dem Weg nach unten öffnete ich H.s Kleiderschrank und schnappte mir mehrere Mäntel, in der Gewissheit, dass die Jungs ihre vergessen und sie brauchen würden.

Im Hof fand ich Julie und ihre Familie bereits auf dem Heuwagen sitzend, auf den Yvonne gehoben worden war und stöhnend lag, gut zugedeckt mit einer Decke. Beide Pferde waren angespannt und meine Diener warteten auf Befehle. Neben unserem wurden andere große Karren zur Flucht vorbereitet, doch es herrschte keine Verwirrung – kein lautes Reden – kein Wehklagen. Dann sagte ich den Jungen, sie sollten schnell zum Hof laufen und alle Tore öffnen, damit das Geflügel und die Kühe freien Zugang zum gesamten Anwesen hätten, das von einer Mauer umschlossen ist. So war ich sicher, dass sie zwar Hunger verspüren würden, aber während der kurzen Zeit, in der ich weg sein wollte, nicht aus Mangel an Nahrung oder Wasser sterben würden.

Nachdem dies erledigt war, ging ich in die Küche, wo ich Nini fand , die den Befehl befolgt hatte, sich nicht zu bewegen, aber geistesgegenwärtig genug war, Brot, Marmelade und Wein für den ausgehungerten jungen Mann hinzulegen, der die Nachricht gebracht hatte.

Im Lampenlicht fiel mein Blick auf meine Straßenkarten an der Wand des Refektoriums. Ich stellte mein Schmuckkästchen auf den Tisch, begann, die Karten aufzutrennen, sorgfältig zusammenzufalten und in die Tasche meines Motorradmantels zu stecken. Fast im selben Augenblick flackerte die Lampe und Leon kam herein, um zu sagen, dass alle Hunde gefunden worden waren, bis auf den Beagle und drei Foxterrierwelpen, die sich, von der Glocke und dem Tumult erschreckt, auf den Heuboden versteckt hatten. Wir gingen hinaus, und ich rief und pfiff vergebens – keiner von ihnen tauchte auf.

Das alles hatte mehr Zeit in Anspruch genommen, als ich erwartet hatte. Die Waggons voller Flüchtlinge waren verschwunden und wir waren allein.

„ *Unterwegs !* “, rief ich und stieg mit einem Kloß im Hals in die *Charette* .

„ *Unterwegs !* “, rief George.

Ich zählte unsere Gruppe noch einmal, um sicherzugehen, dass alle da waren, und fuhr dann langsam mit dem schwer beladenen Heuwagen aus dem Hof auf die Hauptstraße hinaus.

Die ersten zehn Schritte meines Pferdes hinkten so schmerzhaft, dass mir das Herz in die Hose rutschte.

Was für ein Unsinn, dieser Aufbruch! Das arme Tier würde zusammenbrechen und wir müssten es am Wegesrand erschießen, und ähnliche heitere Gedanken schossen mir durch den Kopf, als wir die enge Dorfstraße hinaufjoggten.

Vor dem Rathaus machte ich halt, erstens um meinem Ross eine Pause zu gönnen, zweitens um auf George und Leon zu warten, die zurückgeblieben waren, um die Eingangstüren zu schließen und das Tor zu verriegeln, und schließlich, weil ich erstaunt war, alle Fenster erleuchtet zu sehen.

Ich sprang herunter, ging zu einer der Scheiben, schaute hindurch und sah den gesamten Stadtrat im Halbkreis sitzen, die Gesichter voller Angst. Kurz darauf kamen die Jungen, begleitet von H.s Boten, auf ihren Fahrrädern angefahren und gaben mir die Schlüssel. Ich betrat den Raum, wo mich Mr. Duguey , der Schulmeister und Stadtschreiber, begrüßte.

„Meine Herren, ich bin gekommen, um Ihnen die Schlüssel zu meinem Anwesen zu geben. Ich habe eine Nachricht von meinem Mann erhalten, in der er mich bittet, sofort zu gehen.“

„Dann beeilen Sie sich, Madame, solange Sie noch Zeit haben. Wir sind gerade dabei, den Ruf zu den Waffen zu schlagen und die Bevölkerung zu warnen, dass diejenigen, die zu fliehen hoffen, sofort gehen müssen. Obwohl wir keinen offiziellen Befehl dazu haben, haben wir es auf uns genommen, denn wir wissen jetzt mit Sicherheit, dass die Ulanen das Dorf umzingelt haben und auf den Tagesanbruch warten, um es einzunehmen. Sie biwakieren wahrscheinlich auf den Höhen in Ihrem Park.“

Dann hatte die alte Bäuerin nicht gelogen! Das waren tatsächlich Ulanen, die sie im *Bois de la Mazure gesehen hatte* . Meine Güte, und ich wollte mit einem lahmen Pferd davonkommen! Gott sei Dank, die Marne war nicht weit! Ich würde sie überqueren und dann abwarten, was passiert.

Die Uhr in der kleinen Kirche schlug zwei, und im Glockenturm rief eine Eule traurig, während unser Gefolge schweigend den steilen Hang hinauftrottete. Als wir den Gipfel erreichten, konnte ich nicht widerstehen, mich umzudrehen und einen langen, liebevollen Blick auf mein schönes Zuhause zu werfen, das wie ein Märchenpalast inmitten seiner wundervollen Bäume erstrahlte. Wer konnte das sagen? Vielleicht sehe ich es nie wieder!

Auch George muss von demselben Gefühl durchdrungen gewesen sein, denn er ritt dicht an den Wagen heran, packte den Schmutzfänger, drehte sich auf seinem Sattel um, schüttelte wehmütig sein Rad und machte seinen Gefühlen mit dem folgenden sehr uneleganten, aber äußerst ausdrucksstarken Ausruf Luft:

" *Quels Hühner ! du Jäger Düne Eigentum parcille !* "

Ein langer Schauer der Gefühle lief mir über den Rücken und obwohl es erst der zweite September war, zog ich instinktiv den Pelzkragen meines Mantels enger um meinen Hals.

Vor mir hörte ich das Knarren der Räder unseres schwer beladenen Heuwagens, als das große Ackerpferd vorwärtstrottete. Seine Insassen schwiegen, und dank des Mondes und der Laterne, die hoch hinten hing, konnte ich Julie und Madame Guix im Schlaf nicken sehen.

Mein armes Tier humpelte weiter, und während ich an all das dachte, was ich im Schloss noch nicht erledigt hatte, und Pläne schmiedete, wie und wohin wir gehen könnten, hatte ich ständig sein stummes Leiden vor Augen. Bei jeder kleinen Steigung stieg ich ab, warf Betsy, meiner Bulldogge, die neben mir saß, die Zügel um den Hals, ließ Cesar freien Lauf und nahm meinen Platz hinter den Jungs ein. Er schien dankbar zu sein.

Es muss jedoch gesagt werden, dass der Huf, der anfangs durch die vielen Umschläge so empfindlich war, im Verlauf unserer Reise immer fester wurde, und dass die Lahmheit eher nachließ, als dass sie schlimmer wurde.

Wir durchquerten unser kleines Marktstädtchen Charly in totenstiller Stille. Kein einziges Fenster brannte, kein Laut war zu hören. Wir schienen die einzigen Menschen zu sein, die sich noch auf den Beinen befanden, und die Tollkühnheit dieser mitternächtlichen Abreise, während alle anderen gemütlich in ihren Betten lagen, machte mich wütend. Ich wurde von dem verrückten Verlangen gepackt, umzukehren und nach Hause zu gehen.

In diesem Moment fragte mich George, in welche Richtung ich gehen wollte, und da wir uns an H.s Imperativ „Geh nach Süden" erinnerten, bogen wir scharf ab und gingen auf die erste Brücke über die Marne zu.

Hoch vor mir erhoben sich die dunklen, bewaldeten Hügel von Pavant , die abrupt zu dem schmalen Streifen fruchtbarer Ebene abfielen, der auf beiden Seiten des Flusses an diesen grenzt, aber jetzt zur Hälfte von dichtem, blauem Nebel verhüllt ist. Unter mir raste die schnelle Strömung wie ein silberner Pfeil voran, und angesichts dieses eindrucksvollen Schauspiels musste ich unweigerlich daran denken, wie dürftig die Kunst des Bühnenmalers und Dramatikers ist, die versucht, ein echtes Schlachtfeld darzustellen. Denn ich empfand dies als Schlachtfeld, und da meine überanstrengten Nerven meine Vorstellungskraft nicht länger im Zaum hielten, konnte ich bereits menschliche Gestalten sehen, die sich in Qualen krümmten, und das Stöhnen der Seelen am Rande der Ewigkeit hören. Als wollte er diese Halluzination beleben, verschwand der sterbende Mond plötzlich hinter einer Wolke und erhellte die Landschaft, wenn auch nur mit seltsamen, düsteren Streifen, und in der Ferne hinter uns warnte mich ein langes, leises Grollen, dass mein Traum bald schreckliche Wirklichkeit werden könnte.

Als wir die Marne überquert hatten, fiel mir eine schwere Last von den Schultern, und ich lehnte mich in den Deckenstapel in meinem Gefährt zurück, ließ das Pferd seinem eigenen Willen folgen und wir begannen im Zickzack einen steilen Abhang hinaufzulaufen. Nach fünf Minuten war ich von der Kälte so betäubt, dass ich nicht schlafen konnte, also verließ ich meinen Sitz und gesellte mich zu den anderen, die alle, außer Yvonne, hinuntersteigen mussten, um ihr Pferd abzulösen. Was für ein Aufstieg das war – sieben lange Kilometer von rechts nach links, um diesen Hügel herum wie um einen Berg, und immer wieder fanden wir uns auf einem schmalen Felsvorsprung wieder, der das Tal überblickte. Der Nebel hatte sich ausgebreitet, bis er buchstäblich zwischen den Bergspitzen verschluckt war, und ich konnte mir kaum einreden, dass es nicht das Meer war, das unter mir dahinrollte. Sogar die Signallampen der entfernten Eisenbahnlinie ragten aus dem Labyrinth wie ein Leuchtturm mitten im Ozean und machten die Illusion komplett.

Als wir den Gipfel erreichten, dämmerte es bereits. Wir hielten einen Moment inne, um Luft zu holen. Wir sahen Menschen mit Bündeln aus Hütten und Bauernhöfen eilen, während die Felder mit Pferden und Karren übersät zu sein schienen, die wie Gespenster aus dem Halbdunkel hervorsprangen und einander bis zur Landstraße folgten. Im Handumdrehen hatte sich die lange Karawane wieder formiert und war wieder unterwegs.

Wir bildeten die Nachhut, angeführt von fünfhundert schneeweißen Ochsen. Es gab keine Möglichkeit, schneller voranzukommen als der *Zug* . Man musste in der Reihe bleiben oder seinen Platz verlieren, und als die Sonne über den Ebenen aufging, war ich von der Pracht unseres Zuges so beeindruckt, dass ich den wahren Grund unserer Flucht vergaß und keinen Augenblick lang realisierte, dass ich nun ein fester Bestandteil dieser Kolonne war, die mir noch vor wenigen Stunden so viel aufrichtiges Mitleid eingeflößt hatte.

Als wir durch eine kleine Ansammlung von Häusern fuhren, die man kaum als Dorf bezeichnen konnte, erkannte ich auf den Türschwellen mehrere bekannte Gesichter und verstand sofort, warum es in Charly in der Nacht zuvor so dunkel und still gewesen war. Es war leer – evakuiert – und der Großteil seiner Bewohner stand hier am Straßenrand und bereitete sich darauf vor, seine Reise fortzusetzen.

Wohin fuhren wir? Ich glaube, keiner von uns hatte eine genaue Vorstellung. Wir folgten der Reihe nach der einzigen Straße, die dieses wunderbar fruchtbare Land durchquerte. Die Monotonie der Landschaft, die Wärme der Sonne und das sanfte Schaukeln meines Karrens beruhigten meine Nerven und ich fiel wieder in einen tiefen Schlaf.

Als ich die Augen öffnete, hörte ich Wasser über einen Damm laufen und sah unter mir und nur ein kleines Stückchen entfernt einen Fluss durch ein Tal fließen. Jemand sagte, es sei der Petit Morin; ein anderer verkündete, wir hätten siebzehn Kilometer zurückgelegt und ein dritter meinte, es sei 6:30 Uhr – Zeit fürs Frühstück. Wir sollten den gegenüberliegenden Hügel nicht mit leerem Magen in Angriff nehmen.

Wir überquerten also den Petit Morin und stellten uns vor zwei kleinen Häuschen auf, die am Flussufer am Eingang eines Elektrizitätswerks standen.

Gleichzeitig hielt ein kleines überdachtes Gig neben unserem großen Karren, und aus ihm stieg die Mutter der beiden kleinen Mädchen, die so viel Gold besaß.

Würde es mir etwas ausmachen, wenn sie uns folgte?

Natürlich nicht.

Sie war noch immer genauso schüchtern und verängstigt wie in der Nacht zuvor, und man musste nicht lange nachfragen, um herauszufinden, dass sie noch nie in ihrem Leben Zügel in der Hand gehabt hatte.

Die Jungen brachten alle Pferde zum Fluss und wuschen ihnen sorgfältig Knie und Beine. In der Zwischenzeit war Kaffee gefunden und gemahlen worden, jemand hatte sich beeilt und ein Haus gefunden, in dem es Milch gab, und auf einem eisernen Dreibein, das ich vernünftigerweise mitgebracht hatte, wurde Wasser zum Kochen gebracht.

Das erste Picknick-Frühstück war sehr unterhaltsam, und meine Güte , was hatten wir für einen Appetit. Die Sommergäste in einem der Cottages schauten uns erstaunt an – alle außer einem kleinen Mädchen, das, so scheint es, eine Vorahnung gehabt hatte, dass ihr etwas Schlimmes zustoßen würde, und zwei Tage lang nicht aufgehört hatte zu weinen.

Nach dem Essen ging jeder zu meinem Wagen, nahm sich eine Decke und ein Kissen, rollte sich darin ein und schlief im strahlenden Sonnenschein fest ein. Wie dankbar wir für diese warmen, durchdringenden Strahlen waren, denn wir hatten die ganze Nacht über sehr unter der feuchten Kälte gelitten.

Allein gelassen, machte ich mich an meinen Wagen und stellte fest, dass mein Schmuckkästchen fehlte. Das beunruhigte mich nicht sehr, denn ich war überzeugt, dass ich es auf dem Refektoriumstisch liegen gelassen hatte und es – wie meine Silbertruhen – genau dort vorfinden würde, wo ich sie zurückgelassen hatte.

Meine Straßenkarte zeigte uns, dass wir uns in La Tretoire befanden , auf halbem Weg zwischen Charly und Rebais , aber da es in einem so kleinen Ort keine Vorräte gab, beschloss ich, weiter in die Ortschaft zu gehen, wo wir vielleicht eine Unterkunft finden könnten. Dies musste jedoch vor Mittag geschehen, sonst wären wir gezwungen gewesen, wieder im Freien zu schlafen, denn es wäre unmöglich gewesen, in der Hitze des Tages zu reisen. Also weckte ich die Jungen um halb neun und wir machten uns mit Sack und Pack auf den Weg den Hügel hinauf.

Es war ein ganz ähnliches Bild wie in Pavant , nur waren wir weniger aufgeregt und viel erschöpfter als zu Beginn unserer Reise. Jeder marschierte weiter, biss die Zähne zusammen und wischte sich die dicken Schweißperlen von der Stirn. Um zehn erreichten wir den Gipfel und ich rief George, der seit unserer Abreise von zu Hause neben dem Anführer hergegangen war. Ich sagte ihm, er solle meinen Platz in der *Charette einnehmen* und ich würde auf mein Fahrrad steigen.

Rebais zu folgen , und fuhr weiter, wobei ich versprach, mein Bestes zu geben. Eine Stunde später befand ich mich am Rande der kleinen Stadt – sehr müde und von der Hitze fast überwältigt. In der Eile meiner Abreise aus Villiers hatte ich mir einen scharlachroten Chiffonschal um den Kopf gewickelt, da ich nie daran gedacht hatte, dass ein Hut tagsüber ein sehr nützlicher Gegenstand sein könnte. Sechzig Minuten lang, während ich diese endlose Straße entlangradelte, hatte mir die Sonne auf Kopf und Schultern gebrannt, und als ich an eine öffentliche Pumpe kam, ließ ich mich ins Gras daneben fallen, nachdem ich mein Taschentuch in ihrem erfrischenden Wasser ausgewrungen und mein brennendes Gesicht und meine Arme gebadet hatte.

Rebais betrat , stellte ich fest, dass Tausende anderer wahrscheinlich dieselbe Idee gehabt hatten wie ich, und es dauerte nicht lange, bis ich feststellte, dass alle Zimmer, ob privat oder öffentlich, belegt waren. Der Ort war überfüllt mit Flüchtlingen. Die Schlange vor der Bäckerei warnte mich, dass ein Dutzend hungriger Münder von mir abhängig waren und dass der Brotvorrat von gestern fast aufgebraucht war, ganz zu schweigen davon, dass er altbacken war. Ich nahm meinen Platz unter den anderen ein und wartete eine gute Stunde darauf, dass der zweite Ofen voll Brot fertig gebacken war.

Sicherlich war kein fettiges Schwein auf einem Jahrmarkt schwieriger zu handhaben als dieser lange, neun Pfund schwere Laib glühend heißes Brot. Es war unmöglich, es zu handhaben – es verbrannte alles, was es berührte. Kaum hatte ich es unter einen Arm geklemmt, musste ich es blitzschnell auf den anderen umstecken. Hinzu kam die Tatsache, dass ich seit meiner Kindheit nicht mehr Fahrrad gefahren war, und mir wurde klar, dass das Brot sowohl beim Gehen als auch beim Fahren gleichermaßen heiß und gleichermaßen lästig war. Es war zu lang, um in den Lenker zu passen, und außerdem, wie sollte ich es dort festhalten? Zu weich, um es mit einer Schnur zusammenzubinden, die ich kaufen könnte. Einen Moment lang dachte ich ernsthaft darüber nach, meinen Rock aufzuheben und das Brot zu tragen, wie Bäuerinnen es mit Gras und Viehfutter tun, aber leider war ein Rock von 1914 zu eng, um dies zu ermöglichen. Als ich schließlich fast entmutigt war und mein Brot zum Abkühlen an die Seite eines Hauses gestellt hatte, erkannte ich eine vertraute Stimme hinter mir, und George erschien auf seinem Brotrad, um zu verkünden, dass meine Gruppe in einem jungen Obstgarten zwei Meilen außerhalb von Rebais gezeltet hatte , da weder Mensch noch Tier in der Lage waren, weiter zu gehen. Wir klatschten unser Brot in einen Mantel, der hinten an seiner Maschine festgeschnallt war, und gesellten uns bald zu den anderen, indem wir ihn zwischen uns hin und her schwangen.

Unser Mittagsmahl bestand aus kaltem Bam und Bratkartoffeln. Ich glaube, ich habe noch nie besser gegessen, obwohl ich gestehen muss, dass die Kartoffeln von einem benachbarten Feld gestohlen wurden. Um zwei Uhr lagen ein Dutzend müder Einwohner von Villiers auf ihren Decken und träumten friedlich! Wir hatten beschlossen, uns auszuruhen, bevor wir entschieden, was wir am Abend tun würden.

Ich wurde von einem steifen Gefühl in meinem Nacken geweckt und als ich die Augen öffnete, sah ich, dass die Sonne rasch im Westen verschwand. Ich hatte vier Stunden tief und fest geschlafen und war sehr erfrischt, obwohl die Unebenheiten im Boden mich verletzt hatten und ich meinen Kopf kaum bewegen konnte.

Yvonne hatte die Reise bisher sehr gut überstanden, obwohl sie noch nicht laufen konnte, aber als es abends kühl wurde, begann ich mir Sorgen zu machen, ob sie in einer Nacht im Freien vor Schmerzen schreien würde. Während ich also meine Stiefel schnürte, beschloss ich, nach Rebais zurückzukehren und einen weiteren verzweifelten Versuch zu unternehmen, ihr wenigstens eine Unterkunft zu bieten.

„Hat Madame Maitre gesehen? Baudoin heute Morgen", fragte Leon, dem ich meine Pläne mitteilte.

Ich schnappte nach Luft! Was für ein Idiot ich war! Ich war so durcheinander, dass ich vergessen hatte, dass mein eigener Notar eine prominente Persönlichkeit in Rebais war .

Eine Viertelstunde später betrat ich den öffentlichen Platz und sah Maitre Baudoin und seine Frau stehen vor der Tür und beobachten den Exodus zahlreicher Flüchtlinge.

„Madame Huard!", riefen sie. „Sie? Was in aller Welt ist passiert?"

Ich habe es in wenigen Worten erklärt.

„Aber kommen Sie doch herein. Wir wollten uns gerade zum Abendessen hinsetzen."

Ich sagte, ich sei nicht allein und müsse mich zuerst um die anderen kümmern. Ohne eine Sekunde zu warten , Baudoin ging zum Rathaus und kam bald mit einem Schlüssel in der Hand zurück.

„Hier, hier ist der Schlüssel zu einer Bäckerei – oben sind Zimmer. Deine Leute können dort übernachten und du kommst mit uns rein. In ein oder zwei Tagen wird das alles vorbei sein; die Nachrichten sind heute gut. Die Deutschen werden die Marne nie erreichen!"

Ich holte unseren begeisterten Wohnwagen ab, und nachdem ich ihn sicher in seinem neuen Domizil abgestellt hatte, überquerte ich gerade die Hauptstraße, um mich meinen Freunden anzuschließen, als ein großes Militärauto in die Mitte des Platzes raste und anhielt. Zehn Sekunden später folgten ihm ein Dutzend weitere, und als ich das Baudoins -Haus erreichte, war der Platz buchstäblich von Autos gesäumt, die Offiziere und Ordonnanzen enthielten. Wir setzten uns gerade hin, als jemand an die Tür hämmerte und eine tiefe, gebieterische Stimme rief: „Sie werden einen General und zwei Offiziere unterbringen!" Und wir konnten hören, wie der Mann hastig die Namen mit Kreide an die Tür schrieb.

Madame Baudoin blickte von mir zu ihrem Mann, ihre Augen waren vor Erstaunen weit aufgerissen. Das Essen war vergessen, und wir eilten in die Dämmerung hinaus, um Neuigkeiten zu erfahren. Der *Etat Major* einer Kavalleriedivision hatte in Rebais ein Biwak errichtet und würde um Mitternacht abreisen.

Meine Freunde verstanden, und sie, die seit Kriegsbeginn noch keinen Soldaten gesehen hatten, erkannten zum ersten Mal, dass sie sich jetzt inmitten der zurückweichenden Armee befanden. Ich bat sie, sich zur Flucht bereit zu machen, und sie eilten nach Hause, während ich zur Bäckerei zurückkehrte, um Rat zu halten.

Als ich die Tür erreichte, berührte mich jemand an der Schulter und ein Beamter zeigte auf die Armbinde des Roten Kreuzes, die ich trug, und sagte:

„Gehen Sie sofort ins Krankenhaus. Wir brauchen Ihre Dienste. Verwundet."

„Sehr gut, Sir", antwortete ich und trat ein.

„Madame Guix ! Madame Guix !", rief ich vom Laden aus die Treppe hinunter.

Die anderen kamen aufgeregt heruntergepoltert und sagten, dass Madame Guix an ihrer Uniform erkannt und ins Krankenhaus geschickt worden sei.

In diesem Moment versperrte ein Schatten die Eingangstür, und als ich mich umdrehte, sah ich einen Armeechauffeur dort stehen.

„Um Gottes Willen, ein Stück Brot", flehte er.

"Was?"

„Ja, ich bin fast verhungert. Wir hatten keine Zeit, unser Essen zu kochen, und seit zwei Tagen fehlt uns das Brot."

Ich sah mich um – die Brotkästen waren leer. Ich hatte kein Recht dazu, aber ich öffnete alle Schränke. Das Mindeste, was ich tun konnte, war zu bezahlen, wenn die Bäcker kamen. Ich fand ein altbackenes Brot und schnitt es mit dem großen Messer neben der Theke in vier Teile. Die Art, wie der arme Kerl hineinbiss, trieb mir Tränen in die Augen.

„Warte eine Minute", sagte ich, als er sich abwandte, und eilte zum Hof, wo mein Wagen stand. Einen Moment später war ich mit einer Scheibe Schinken und etwas süßer Schokolade zurück und Julie kam mit einem Glas Wasser.

Ich wollte gerade Fragen stellen, als ein weiteres Formular erschien, gefolgt von noch einem weiteren.

„Brot – oh, um Himmels willen, Brot!", flehten sie. Offensichtlich gab es keinen Grund, warum ich meinen neuen Beruf nicht ausüben sollte, bis alle hungrigen Chauffeure der Armee satt waren. Aber da ich an die Verwundeten dachte, übergab ich meine Aufgabe Julie mit der Anweisung, das Brot so lange wie möglich zu verteilen und mit der Schokolade sparsam umzugehen, da mein Vorrat nicht endlos war.

Was für einen anderen Anblick bot der Hauptplatz im Vergleich zu einer Stunde zuvor! Auf allen Seiten standen Autos in Viererreihen, und ich musste mir mit den Ellbogen einen Weg durch die Menge der Gaffer, Flüchtlinge und Polizisten bahnen, die die Straße bevölkerten.

„Sind Sie wegen der Verwundeten gekommen?", fragte eine Schwester mit weißer Kappe, als ich die Klostertür schloss und die Stufen hinaufging.

"Ja Schwester."

„Der Himmel sei gepriesen! Kommen Sie schnell hierher. Ihre Krankenschwester ist hier, aber sie kann es allein nicht schaffen. Wir sind nutzlos – wir sind nur zu fünft, um uns um das Armenhaus zu kümmern, und dazu noch hundert Flüchtlinge. Wir wissen nichts von Chirurgie oder Verbandswesen."

All dies wurde freundlich und ruhig gesagt, während wir einen langen Korridor entlangeilten. In der Mitte eines großen, gut beleuchteten Raumes stand Madame Guix und verband den Arm eines gut aussehenden Kerls, der dabei die Augen schloss und mit den Zähnen knirschte. Auf einem halben Dutzend Stühlen saßen ebenso viele Männer, einige hielten den Kopf in den Händen, andere krümmten sich, andere ballten vor Schmerzen die Fäuste. Kein Murmeln entkam ihnen. Der Boden war an mehreren Stellen mit großen roten Flecken übersät.

„Schnell, Madame Huard. Wir müssen die Blutungen um jeden Preis stoppen. Die Wunden sind nicht schlimm, da die Männer zu Fuß gekommen sind, aber bei dieser Hitze kann man nie wissen."

Eine Schwester band mir eine weiße Schürze um, und in einer Sekunde hatte ich mir die Hände gewaschen und angefangen. Als ich das erste Hemd zerriss, schlug mir das Herz bis zum Hals. Ich war weder ein Neuling noch ein Feigling, aber der Anblick von menschlichem Blut, das so großzügig floss und so neidlos gespendet wurde, verursachte mir ein seltsames Gefühl im Hals. Eine Sekunde später war alles vorbei, und während ich arbeitete, befragte ich die jungen Burschen nach ihrem Zuhause und ihrer Familie und schließlich, an welchem Ort sie verwundet worden waren. Einige wussten es nicht, andere nannten unbekannte Ecken, aber La Tretoire erschreckte mich. Unser Morgenstopp! Dann hatten die Invasoren die Marne überquert? Denn dies waren keine Wunden von explodierenden Granaten, sondern Mauser-Kugeln und Pistolenschüsse!

Inzwischen brachten die Schwestern Eisenbetten und weiche Matratzen ins Nebenzimmer, und jeder Junge wurde der Reihe nach zur Ruhe gelegt. Glücklicherweise war nichts Ernstes passiert, denn wir hatten keinen Arzt und wussten nicht, wo wir einen finden konnten. Als wir unseren letzten Patienten erreichten, war er so schlaff, dass wir befürchteten, er würde ohnmächtig werden. Stellen Sie sich vor, was es bedeutet, ein Paar robuste Kavalleriestiefel aufzuschneiden und einen fast hilflosen Mann auszuziehen, dessen Kleidung von Blut, Schmutz und Schweiß an der Haut klebt.

„Halten Sie das Ammoniak näher an seine Nase", sagte Madame Guix und zog an einem Draht, der als Schnürsenkel diente.

„Ich fürchte, er ist erschöpft. Da geht er –" Ich hatte gerade noch Zeit, den Körper aufzufangen, als er vom Stuhl rutschte.

Madame Guix packte sein Handgelenk.

„Sein Puls ist gut. Bleiben Sie dran, bis ich meine Nadel bekomme."

Die Lippen des Jungen öffneten sich und ein vertrautes Geräusch erfüllte den Raum.

„Er ist nicht ohnmächtig!", keuchte ich. „Er schläft! Und schnarcht!"

Der arme kleine Kerl hatte eine Kugel in der Schulter und eine im Schienbein, und trotzdem war die Müdigkeit stärker als der Schmerz! Als wir ihn schließlich wecken mussten, entschuldigte er sich sehr freundlich für die Mühe, die er uns bereitet hatte, und seufzte vor Vergnügen, als er die kühlen Leinentücher berührte.

„Sie müssen mich in einem ziemlichen Schlamassel vorgefunden haben. Ich bin seit drei Wochen nicht mehr aus dem Sattel gesessen, und seit wir Charleroi verlassen haben, haben wir jede Minute gestritten."

Da unsere Patienten alle schliefen, suchten Madame Guix und ich einen Moment der Ruhe im Freien. Eine Tür im Korridor führte in einen schönen altmodischen Garten, der an vier Seiten von einem fein verputzten Kreuzgang umgeben war. Der Vollmond schien herab und überzog alles mit einem silbernen Schimmer, und es herrschte eine solche Stille und Ruhe, dass es fast unmöglich war zu glauben, dass wir nicht Besucher einer berühmten Landschaft waren und in aller Ruhe eine lange geplante Reise genossen.

Wir hatten jedoch keine Zeit zum Träumen, denn hastige Schritte im Korridor und das Auftauchen einer Schwester im weißen Gewand und mit einer Waffe in der Hand sagten uns, dass unsere Aufgabe noch nicht beendet war.

Auf einer Bank im Kreuzgang fanden wir einen Soldaten in blauem Mantel, dessen Kopf in einem Arm vergraben war, während der andere in einer improvisierten Schlinge festgebunden war. Er war das Bild der Verzweiflung, und obwohl wir ihn sanft befragten, schüttelte er nur den Kopf, ohne zu antworten. Schließlich setzte ich mich neben ihn auf die Bank, streichelte sanft seinen gesunden Arm und flehte ihn an, uns sein Problem zu erzählen, damit wir ihm helfen könnten. Er hob ruckartig den Kopf, drehte sich mit einem fast wütenden Blick in seinen großen schwarzen Augen zu mir um und schnappte: „Sind Sie verheiratet?"

"Ja."

„Dann wissen Sie, was es ist. Mein Gott, meine Frau und meine Kinder, eingesperrt in Valenciennes . Das ist es nicht, was mich umbringt", fuhr er fort und schlug sich auf seinen bandagierten Arm. „Es ist nur eine Fleischwunde an der Schulter. Aber es ist das andere – die anderen Gedanken. Ich habe sie bei der Arbeit gesehen, diese Bande verfluchter Feiglinge! Aber wenn sie meine Frau jemals anrühren! Vielleicht haben sie das, diese dreckigen Schurken, und ich bin nicht da, um sie zu verteidigen. Verflucht seien sie alle!"

Und er schlug wütend mit der Faust auf seine Knie. Dann erreichten Wut und Qual den Höhepunkt, seine Lippen zitterten, sein Mund zuckte, und er legte mir abrupt den Arm um den Hals, vergrub seinen Kopf an meiner Schulter und brach in Tränen aus.

Nachdem der erste Moment der Überraschung vorüber war, wäre es dumm gewesen, beleidigt zu sein. Die Umstände waren so, dass es unmöglich war, nicht bewegt zu sein.

Ich habe noch nie einen Mann weinen sehen und möchte es auch nie wieder tun. Eine Viertelstunde lang schluchzte er wie ein Kind – dieser große, kräftige Kerl von fünfunddreißig Jahren, und durch den Nebel in meinen

Augen konnte ich sehen, dass meine Begleiterin uns den Rücken zugekehrt hatte und in ihrer Tasche nach ihrem Taschentuch tastete.

Dann verschwand das erstickte Geräusch nach und nach, seine Schultern hörten auf, sich zu heben und zu zittern, und einen Moment später hob unser Soldat den Kopf und schluchzte eine Entschuldigung.

„Verzeihen Sie mir – Sie haben mir so viel Gutes getan. Ich weiß, ich bin ein Narr, aber es musste sein – ich konnte es einfach keine Minute länger ertragen –" und andere ähnliche Sätze, die wir im Keim erstickten, indem wir ihn fragten, ob er eine Tasse heiße Suppe möchte oder in die Krankenstation kommen möchte, um seine Wunde zu verbinden.

„Überall, wo es hell ist. Ich möchte, dass du ihr Bild siehst – sie würde dich toll finden."

Und bevor er uns seine Wunde berühren ließ, mussten wir in seine Brusttasche greifen und eine Brieftasche hervorziehen, aus der er die wertvollen Fotos hervorholte.

Schließlich waren wir mit dem Verband fertig und ich überließ Madame Guix die letzten Handgriffe und ging in die Küche, wo Soeur Laurent an einem riesigen Herd stand und Suppe aus zwei riesigen Kupferkesseln schöpfte. Dort standen Männer, Frauen und Kinder und hielten Tassen und Becher hin, ein halbes Dutzend staubiger Kavalleristen häuteten in einer Ecke zwei Kaninchen und ebenso viele andere Soldaten schälten Gemüse, das sie in einen anderen Topf mit kochendem Wasser warfen.

Dies war nicht der richtige Zeitpunkt, um Erlaubnis zu fragen. Die arme Schwester war schon halb abgelenkt durch die Forderungen der ausgehungerten Flüchtlinge und Kämpfer, also nahm ich eine Schöpfkelle von der Wand, schöpfte etwas Brühe aus dem Topf und goss sie in ein paar Tassen, die ich in einem Schrank fand. Ich wollte sie unseren Patienten geben, falls sie aufwachen und nach etwas zu trinken verlangen sollten, und ich wollte gerade mein Tablett hochheben, als ein lautes Klopfen an der Haustür mich dazu veranlasste, es hastig abzustellen.

Soeur Laurent an , die sich zum großen Entsetzen der Soldaten darauf vorbereitete, der Vorladung zu folgen.

„Ich gehe", rief ich und eilte in den Vorraum und die breiten weißen Marmorstufen hinunter. Als ich die riesige Eichentür aufstieß, huschte jemand an mir vorbei und rief: „Zwei Männer und eine Bahre", und dort im hellen Mondlicht bot sich mir der grausigste Anblick, den ich je erlebt hatte.

In seinem Sattel nach vorn geworfen, die Arme um den Hals des Pferdes geschlungen, war die Gestalt eines Dragoners. Das Tier, das ihn trug, war einst weiß gewesen, aber jetzt war es so mit Blut bespritzt, dass es unmöglich war zu sagen, welche Farbe es ursprünglich hatte. Sowohl Mensch als auch Tier waren verwundet, schwer verwundet, und wie sie hierher gekommen waren, war ein Wunder.

Der Alarm hatte die Küche erreicht, und die Soldaten eilten herbei, hoben ihren Kameraden schnell vom Pferd und trugen ihn hinein. Eine Lanze hatte seinen Oberschenkel und die Flanke des Pferdes durchbohrt, was bedeutete, dass es ein Nahkampf gewesen war, und das noch immer in Strömen fließende Blut bewies, dass der Kampf noch nicht einmal eine Stunde alt war!

Madame Guix und ich gaben unser Bestes, als die weißen Gesichter meines Notars und seiner Frau an der Tür der Apotheke erschienen.

„Madame Huard, wir sind gekommen, um Ihnen zu sagen, dass Sie gehen müssen!"

"Gehen?"

„Ja, es ist zwei Uhr, und der General, der bei uns einquartiert war, hat vier Stunden geschlafen und ist weg. Als er ging, warnte er uns, dass die Schlacht hier bis zum Morgen beginnen würde. Wir, die wir ein Auto haben, sind in Sicherheit, aber Sie, die Sie nur Pferde haben, müssen sofort fliehen!"

„Aber ich kann die Verwundeten nicht zurücklassen!"

„Aber Sie müssen. Das Schlimmste, was ihnen passieren kann, ist, dass sie gefangen genommen werden. Höchstwahrscheinlich werden sie dann von einem unserer Rettungswagen weggebracht. Aber denken Sie an all die jungen Leute, die sich bei Ihnen um Schutz bemühen! Sie können sie nicht im Stich lassen. Sie müssen gehen!"

Guix angesehen .

„Gehen Sie, Madame Huard, Sie müssen. Sie sind es den anderen schuldig. Keiner von Ihnen braucht mich und ich kann Ihnen hier behilflich sein. Wenn die Schwestern mich also behalten, werde ich bleiben."

Zögernd schüttelte ich meiner Krankenschwester die Hand und eilte die Treppe hinunter . Baudoin und seine Frau verabschiedeten sich an der Ecke von mir, und ich bahnte mir meinen Weg zwischen den Pferden eines Kavallerieregiments hindurch, deren Reiter auf dem harten Kopfsteinpflaster neben ihnen fest schliefen.

Auf der anderen Seite des Platzes verrieten mir laute Rollgeräusche, dass die Artillerie die Stadt durchquerte. Als ich eine Türschwelle überquerte, sah ich eine Batterie nach der anderen der berühmten 75er über die Straße rasen, die wir am Morgen gekommen waren. Als ich ausstieg, wurde mir der Weg von den 18. Chasseurs à Cheval versperrt, die zu viert nebeneinander und mit Lanzen in der Hand in die Schlacht zogen. Sie waren alles andere als eine geschlagene Armee – die meisten summten leise ein beliebtes Lied, während andere gelassen ihre Pfeifen stopften und wieder andere im Sattel ein Nickerchen machten. Ein oder zwei trugen keine Mützen, und ihre Köpfe waren in blutbefleckte Bandagen gehüllt.

Sie nahmen kein Ende und ich begann, uns vor unserer Abreise zu fürchten. Ich steckte meine Hand in die Tasche meines Mantels und berührte ein Stück altbackenes Brot und ein Stück Schokolade, die ich seit dem Vortag vergessen hatte. Da mich der Hunger packte, begann ich, an der Brotkruste zu knabbern.

„Sag mal, Schwester, gib uns einen Bissen", rief ein junger Kerl von seinem Pferd aus, als er vorbeikam.

„Hast du wirklich Hunger?"

„Darauf kannst du wetten!"

Ohne zu zögern bot ich meine Brotkruste an.

„Ein Hoch auf das Mädchen mit dem roten Schal!", rief ein anderer. „Komm mit uns. Wir machen Platz für dich." „Wir brauchen ein Maskottchen", und andere ähnliche fröhliche Sätze gingen von Mund zu Mund, als die Blüte des jungen Frankreichs fröhlich in den Tod ging.

Als sie schließlich verschwunden waren, lief ich über die Straße und fand George und Emile (H.s Boten) in ein Gespräch mit dem Fahrer eines Armeeversorgungswagens vertieft, der nur wenige Zentimeter vor den Stufen zur Bäckerei stand. Neben ihm auf dem Sitz saß ein riesiger Dragoner, sein Kopftuch war in ein blutbeflecktes Handtuch gewickelt.

„Wir haben uns verirrt", erklärte er. „Seit drei Tagen sind wir von unserem Regiment abgeschnitten."

„Armes Regiment!", murmelte ich, rief die Jungs und sagte Emile, er solle die anderen wecken und schnell herunterkommen, um beim Anspannen der Pferde zu helfen. Er war kaum eine Sekunde weg, da konnte ich ihn rufen hören.

„ Alles klar , Madame , nun geht's weiter. "

Dann tauchte er mit einer Laterne wieder auf.

„Wo zum Teufel hast du das Licht her?", knurrte George.

„In ihrem Zimmer."

„Wie in Gottes Namen sollen sich diese Leute dann im Dunkeln anziehen und ihre Sachen zusammenrollen?", schimpfte ich. „Komm, George, geh mit der Laterne zurück."

George gehorchte den Befehlen, und Emile schlich ziemlich verlegen in Richtung Stallhof davon. Ich hörte, wie eine Schiebetür aufgestoßen wurde, gefolgt von einem langen, tiefen Pfiff, und eine Sekunde später tauchte Emile wieder auf. Seine Augen traten vor Erstaunen aus dem Kopf.

„Ein Pferd fehlt – es wurde gestohlen!"

"Nein unmöglich!"

"Der Stall ist leer!"

Ich eilte zum Tatort und stellte fest, dass er die Wahrheit gesagt hatte.

„George!", rief ich, als mein Junge um die Ecke des Hauses kam. „George, Cesar wurde gestohlen!"

„Wer sagt das, Madame?"

„Emile, der Stall ist leer."

Ruhig und unbefangen ging George auf Emile zu, packte ihn am Kragen und schüttelte ihn heftig. „Sehen Sie mal, Sie! Was soll das, dass Sie Madame so erschrecken? Sind Sie ihr Diener? Nein! Also gut, kümmern Sie sich um Ihren eigenen Kram!"

Und als wir eine zweite Tür neben der anderen öffneten, fanden wir Cesar und
Sausage, die Haferflocken mampften.

Es war keine leichte Aufgabe, im Dunkeln die schweren Karren anzuspannen und aus dem engen Hof in die noch engere Straße zu schieben. Aber nach zehn Minuten war unsere Karawane wieder unterwegs .

Wir überquerten den öffentlichen Platz, auf dem sich mittlerweile fast keine Menschen, Pferde und Autos mehr befanden, und nahmen die einzige Straße, die nach Süden führte.

Als wir um die Ecke bogen, erhellten die ersten grauen Streifen Tageslicht den Osten, und wir mussten plötzlich ganz nach rechts abbiegen, denn ein schwerer Pariser Autobus bog um die Kurve und raste an uns vorbei.

Als ich meine Augen anstrengte, bemerkte ich, dass es nicht nur einen, sondern Hunderte von ihnen gab, die einander mit Höchstgeschwindigkeit den Hügel hinunter folgten. In ihnen standen bewaffnete Männer, bewaffnete Männer auf den Plattformen und Stufen, bewaffnete Männer sogar auf den Dächern, und es war in der Tat ein seltsamer Anblick, *Madeleine-Bastille* und die *Galeries Lafayette* hier draußen auf dem offenen Land zu sehen, vollgestopft mit grimmigen Infanteristen, die sich auf den Kampf vorbereiteten.

Plötzlich zerriss eine gewaltige Explosion die Luft und ließ den Boden so erzittern, dass die Pferde stehen blieben und zitterten.

„Da ist die Brücke von Nogent !", rief George. „Nein – das Kraftwerk von La Tretoire !"

" *De avant !*", rief ich, da ich wusste, dass nun das Signal zum Kampf gegeben worden war.

VI

Wir waren ungefähr drei Kilometer gefahren, als mich der Anblick meiner hinter dem Bauernkarren angebundenen Windhunde an meinen kleinen Boston-Bullen denken ließ.

„Wo ist Betsy?", fragte ich die, die im Heu saßen.

Julie, Nini und Yvonne wurden weiß.

Es dauerte nicht lange, bis mir klar wurde, dass sie an diesem Morgen niemand gesehen hatte. Offenbar war sie vergessen worden – man hatte sie an das Messinggitter einer verlassenen Bäckerei gebunden, um dort zu sterben, denn dort hatte ich sie am Abend zuvor festgebunden, als ich angekommen war. Ich radelte weiter, bis ich Leon erreichte, der die Prozession anführte –

„Bleiben Sie auf dieser Straße geradeaus. Wenn sie sich gabelt, fahren Sie in Richtung La Ferte Gauche. Ich bin gleich zurück." Dann drehte ich um und startete ein Parallelrennen mit einem Autobus, sehr zur Freude der Insassen.

Unnötig zu erwähnen, dass mein Gegner die Steigung überholte, um die Ecke bog, verschwunden war und von einem anderen verfolgt wurde, lange bevor ich atemlos und voller Angst den öffentlichen Platz erreichte.

Rebais war leer - nicht einmal ein verspäteter Flüchtling war am Wegesrand zu finden, und bevor ich die Bäckerei erreichte, konnte ich das klagende Heulen meines kleinen Tieres hören.

Was für ein freudiger Empfang. Was für ein komisches Wedeln dieses kleinen Schraubenschwanzes! Aber es gab keine Zeit zu verlieren, denn das Problem war jetzt, wie Betsy den Zug einholen sollte. Sie war zu schwer, als dass ich sie unter dem Arm tragen konnte, und zu alt und aufgedunsen, als dass ich von ihr erwarten konnte, hinter einem Fahrrad herzufahren – aber es war das eine oder das andere, und wir banden ihre Leine an den Lenker und fuhren los, nachdem wir ihr aufmunternd den Kopf gekrault und ihr ein Stück Zucker versprochen hatten, wenn sie nur „ein braves Mädchen" wäre.

Wir brausten weiter, vorbei an den riesigen, schwerfälligen Autobussen, die dem armen Tier Angst einjagten, das so heftig an seinem Faden zerrte, dass es zeitweise fast erstickte.

Nach einer halben Stunde hatten wir die Karawane eingeholt, und als ich die arme, erschöpfte Betsy auf das Heu hob, erwachte Nini aus ihrem Nickerchen, zeigte nach Osten und sagte: „Oh, schau mal ! Was für ein großes Feuer!"

„Du dummes Kind, die Sonne geht auf. Geh wieder schlafen", sagte ich, entsetzt über das, was ich gesehen hatte, aber ich wollte die anderen nicht unnötig beunruhigen.

Am Horizont einer riesigen Ebene, die sich zu unserer Linken erstreckte, schossen riesige Flammensäulen gen Himmel, die einen Moment später von dichtem, schwarzem Rauch bedeckt wurden. Glücklicherweise lugte die Sonne jedoch fast augenblicklich über den Horizont und schwächte dadurch die Intensität des Feuers. Aber Nini ließ sich nicht so täuschen.

„Sehen Sie", fuhr sie fort, „was für lustige, flauschige kleine Wolken das sind!"

„ Nini , wenn du nicht sofort schlafen gehst, musst du runterkommen und gehen und einen der Jungen deinen Platz einnehmen lassen. Ich weiß, sie werden das nur zu gern tun."

Nini gehorchte sofort. Sie hatte nur ein Paar Schuhe mitgenommen (trotz meiner Ermahnung, alles mitzunehmen, was sie besaß) und dieses Paar drückte.

Wirklich, komische kleine, flauschige Wolken! Das Beben der Erde unter meinen Füßen und eine Sekunde des Nachdenkens sagten mir, dass es keine Wolken waren. Bevor sie sich nach Westen bewegten, waren es nur Muscheln – und wie lange das dauern würde, war eine Frage, die mir das Blut in den Adern gefrieren ließ.

Die Stadt, die wir ansteuerten – La Ferte Gauche – lag im Südosten. Obwohl ich kein Fernglas hatte, war es offensichtlich, dass sie jetzt unter feindlichem Beschuss stand, und wir konnten uns genauso gut in eine Schlinge rennen, als in diese Richtung weiterzugehen. Es war Südwesten – oder nichts.

Ohne eine Erklärung zu geben, ritt ich weiter und sagte Leon, er solle mir folgen. Dann bog ich abrupt nach rechts ab und nahm den ersten Seitenweg, der breit genug für unsere Wagenräder war, und wir folgten ihm über eine Stunde lang, hin und her, auf und ab, bis ich, nachdem ich einen steilen Abhang hinuntergerollt war, mich inmitten eines entzückenden kleinen Dorfes wiederfand, das zwischen zwei Hügeln am Ufer eines Flusses lag.

Die Geschäfte öffneten gerade und die Leute gingen ihrer Arbeit nach, als ob nichts Ungewöhnliches passierte. Sie starrten erstaunt auf diesen hutlosen Fahrradfahrer, der eine Armbinde des Roten Kreuzes trug, und als ich in die Bäckerei ging, war ich voller Freude beim Anblick all der knusprigen Brote, die in ihren Regalen aufgereiht zur Auslieferung bereitlagen.

Flüchtlinge?

Gesehen hatten sie keine. Jemand hatte in der Nacht ungewöhnliche Wagenbewegungen gehört , das war alles.

Als ich auf den Platz einbog, zeigte mir ein Wegweiser, dass ich in Jouy -sur-Morin war, und ein paar Augenblicke später stieß ich auf eine Gruppe Herren in Gehröcken, die auf einem Damm unterhalb der Kirche standen und sich unterhielten. Wäre es Nachmittag gewesen statt fünf Uhr morgens, hätte ich gedacht, diese Versammlung harmoniere perfekt mit der Landschaft. Tatsächlich sahen sie so sehr wie H.s Karikaturen seiner Landsleute aus der Provinz aus, dass ich mir beim Vorbeigehen ein Lächeln nicht verkneifen konnte. Diese mutmaßliche Versammlung des Gemeinderats war das einzige äußere Zeichen von Besorgnis, das in dieser malerischen Gemeinde zu finden war.

Die Ankunft unserer Karawane löste bei den Frühaufstehern in Jouy eine ziemliche Sensation aus , obwohl die Begeisterung meiner Diener, ihre Geschichte zu erzählen, etwas nachgelassen hatte. Sie hatten wunde Füße, waren schläfrig und hungrig.

Die Herren in den Gehröcken waren zu sehr mit ihren eigenen Angelegenheiten beschäftigt, um uns viel Aufmerksamkeit zu schenken, und ich wollte gerade gehen, als einer von ihnen mich zu sich rief und mir ein paar Fragen stellte. Ich wollte unbedingt los und antwortete kurz. Der Mann hielt mich wahrscheinlich für eine arme, verrückte Frau; wie hätte er hier unten in seinem kleinen Tal, wo noch kein einziger Schuss- oder Granatenlärm durchgedrungen war, etwas anderes denken können?

Die Geschichte erzählt, dass Jouy -sur-Morin wenige Stunden später Schauplatz einer der blutigsten Schlachten an der Marne war.

In der Molkerei erregte mein Erscheinen große Neugier, und als ich das Geld für meine Milch herausholte, hob die Frau die Hand. „Nein, niemals; von solch hilflosen Geschöpfen wie Ihnen könnte ich kein Geld annehmen!"

Dieses unerwartete Mitleid trieb mir das Blut ins Gesicht. Ich war glühend vor Empörung. Bis jetzt hatte es uns an nichts gefehlt, und mit Gold in der Tasche war Almosen eine Beleidigung. Ich rückte meine Krawatte zurecht, betrachtete meine staubigen Stiefel und bemerkte zum ersten Mal, dass mein Gesicht von Müdigkeit und Angst gezeichnet war – dass mein Haar zwar ordentlich, aber leider nicht mehr lockig war. Ich ließ mein Wechselgeld auf dem Tisch liegen, drehte mich auf dem Absatz um und ging. Erklärungen waren ermüdend und nutzlos.

Wir überquerten ein Bahngleis und dann den Fluss – den Grand Morin – und machten in einem grasbewachsenen Granitsteinbruch Halt zum Frühstück, wobei wir im Schatten der riesigen Felsen Schutz vor der sengenden Sonne suchten.

Die Jungen führten die Pferde zum Fluss hinunter, um zu trinken und zu baden, und kamen ein paar Sekunden später zurück, um Handtücher und Seife zu holen.

Was für eine tolle Idee! Eine Viertelmeile weiter oben am Ufer fand ich eine abgeschiedene Stelle und stürzte mich in die erfrischende Strömung. Es war das erste Mal, dass ich meine Stiefel ausgezogen hatte, seit ich Villiers verlassen hatte. Dank eines kleinen Taschenglases und einer frischen weißen Bluse machte ich mich ganz vorzeigbar, und als ich mich unserem Lager näherte, kitzelte der appetitliche Geruch frisch gebratener Landwurst meine Nase und machte mich froh, am Leben zu sein.

Während meiner Abwesenheit hatten die Mädchen heißen Kaffee mit gebuttertem Toast zubereitet, und wir brauchten keine Überredung, um dem Essen gerecht zu werden. George, der bereits an das Zigeunerleben gewöhnt war, begann seinen trockenen Humor zu zeigen, und ab und zu wurde die Stille durch lautes Gelächter über einen kuriosen Witz unterbrochen.

Wir genossen gemütlich das Mahl und ich überlegte gerade, ob wir sofort weiterfahren oder bis zum Nachmittag warten und uns ausruhen sollten, als meine Frage plötzlich beantwortet wurde.

Während wir aufräumten und die Karren beluden, war ein langer Zug Güterwagen geräuschlos die Schienen gegenüber unserer Beute entlanggeglitten und hatte angehalten, ohne in den Bahnhof einzufahren. Daran war nichts Ungewöhnliches, und von unserem Platz etwas unterhalb des Gleisniveaus konnten wir nur wenig von dem sehen, was auf dem gegenüberliegenden Bahnsteig vor sich ging. Ich stand aufrecht in meiner Charette und faltete eine Decke sorgfältig zusammen, um so wenig Platz wie möglich einzunehmen, als mein Blick auf mehrere rote Punkte fiel, die einen steilen Abhang hinaufhuschten. Einen Moment später wanderte mein Blick nach unten und ich erkannte, dass aus den unschuldig aussehenden Güterwagen Hunderte bewaffneter Soldaten ausstiegen und sich ausbreiteten, *en Tirailleure*, die einen Angriff aus dem Hinterhalt vorbereiten. Ich hatte gesehen, wie diese schöne Leistung im Jahr zuvor bei den *großen Manövern erfolgreich vollbracht wurde*, aber es war etwas völlig anderes, als man begriff, dass diese Männer es todernst meinten.

In diesem Moment galoppierte eine Kutsche, in der sich eine zerzauste Frau und ein Mann ohne Kragen befanden, über den Übergang und brauste nach Westen. Die Insassen, die ich anrief, würdigten keine Antwort, sondern forderten mich mit einem Wink mit den Armen auf, ihnen zu folgen.

„Es ist Zeit, das Lager abzubrechen", sagte ich, „wenn wir die nächste Stadt erreichen wollen, bevor es zu heiß wird."

Also machten wir uns auf den Weg. Vor uns fuhr ein schwerer Lieferwagen, ein *Familistere* aus dem Norden, der die Schienen überquerte, als wir gerade auf die Straße einbogen. Es war ein großes, überdachtes Gefährt, das bis zum Rand mit Bettzeug und Haushaltsgegenständen gefüllt war – und selbst das Dach war mit riesigen Kisten und Körben voller Proviant beladen. Hinter ihm gingen oder trabten drei kräftige Frauen und ein Mann, die erstere halb verrückt vor Hitze und Angst, und wischten sich die Stirn und die Tränen ab, während der *Trauerzug* vorrückte.

Eineinhalb Stunden stetigen Aufstiegs erschöpften sie völlig, und als wir die Ebene erreichten, brachen die drei Grazien am Straßenrand zusammen und weinten immer noch heftig. Ich bemerkte dies, als ich näher kam, und sah bald ihren Begleiter auf dem hohen Hinterrad ihres Wagens sitzen, der durch ein Fernglas aufmerksam nach Osten blickte.

„Was können Sie sehen?", fragte ich, als die *Charette* an ihnen vorbeiging.

„Kommen Sie vorbei und schauen Sie es sich an. Es lohnt sich . Meine Frau und meine Familie haben zu große Angst."

Ich blieb stehen, kletterte an den Speichen nach oben und erreichte die Spitze. Dort stützte ich mich mit der linken Hand ab und nahm mit der rechten das angebotene Glas.

Von einem Ende der weiten Ebenen zum anderen, von denen uns das Tal des Grand Morin trennte, stiegen dieselben langen Säulen dichten schwarzen Rauchs träge im hellen Sonnenlicht auf. An einer bestimmten Stelle ließ der Feind einen regelrechten Kugel- und Granatenhagel niederprasseln, und der Staub, der nach jeder Explosion aufstieg, bildete einen Vorhang, der den Rest der Landschaft verdeckte. Unten waren die *Senegalier* im Hinterhalt verschwunden, aber hin und wieder verriet uns das entfernte Klappern der *Mitrailleuse , dass sie ihr tödliches Werk verrichteten. Und wenn man bedenkt, dass all dies auf einem Boden geschah, den wir erst vor wenigen Stunden durchquert hatten! Und ich war dumm genug gewesen, nach* Rebais zurückzukehren – allein, um meinen Hund zu holen!

Ich schauderte, als ich ausstieg. Was hatte es für einen Sinn, uns zu beeilen? Wir konnten nicht schneller sein als die Pferde, und wenn wir sie jetzt überanstrengten, würden wir später länger ruhen müssen. Also trieben wir unsere armen alten Gäule an und stapften die sonnengebrannten Straßen zwischen den hochgewachsenen Weizenfeldern des Brie-Gebiets entlang.

Noch ein paar Stunden später erreichten wir Choisy - en -Brie, fanden einen Stall für unsere Tiere und streckten uns selbst auf unseren Decken im freundlichen Schatten der großen Steinkirche aus.

Ich hatte gerade mit dem Mittagessen fertig und war gerade dabei einzudösen, als mich eine Motorhupe aus meiner Lethargie riss. Eine Sekunde später erkannte ich Maitre Baudoin und seine Frau. Letztere hielt ihre vierjährige Tochter auf dem Schoß, ihre Großmutter saß allein auf dem Rücksitz, der mit wichtigen Dokumenten vollgestopft war, und ihr Dienstmädchen war an die Trittstufen des Autos geschnallt.

Wir stießen einen Schrei aus, der sie aufhielt. „Wir blieben, bis eine Granate im Nachbarhaus explodierte, dann dachten wir, es sei Zeit zu gehen", erklärte Maitre Baudoin .

"Wann sind Sie von Rebais abgereist ?"

„Vor vierzig Minuten. Du solltest dich auch besser bewegen."

„Tut mir leid, aber das kann ich nicht. Die Pferde müssen sich ausruhen."

„Also, warte nicht zu lange. Adieu."

„Adieu", und sie gingen.

Ich kehrte zu meiner Decke zurück und war gerade dabei, wieder die Augen zu schließen, als mich unerwartet gregorianische Gesänge aufhorchen ließen. Immer näher kam er, immer lauter wurden die Stimmen der Priester, und dann bog ein mit vielen Fransen und Blumen geschmückter Leichenwagen, dem die Geistlichen vorausgingen und dem die Trauernden folgten (die Männer im Abendkleid und die Frauen in ihrer Sonntagskleidung), um die Ecke, fuhr an uns vorbei und hielt vor dem Haupteingang der Kirche.

Ich konnte mir ein Lächeln nicht verkneifen. Die Inkongruenz dieses pompösen *Enterrement de Premiere Classe , en musique* , als die Stadt unmittelbar von einem deutschen Bombardement bedroht war, grenzte ans Pathos und Lächerliche. Die Familie des Verstorbenen war jedoch anderer Meinung und ihr verstorbener Vater wurde mit allen Riten und Zeremonien, die sein Testament vorgesehen hatte, bis in alle Ewigkeit besungen.

Persönlich gefiel mir die Vorstellung, beim Klang der Orgel einzuschlafen, der durch die dicken Granitwände drang und das Donnern der Kanonen beinahe übertönte, an das wir uns mittlerweile so gewöhnt hatten, dass es uns nicht mehr beunruhigte.

„ *Des soldats !* " rief jemand.

In einer Sekunde war ich auf den Beinen.

"Wo?"

„Mit zwei Fahrrädern ins gegenüberliegende Hotel."

Ich kam sofort dort an wie sie. Ihre Geschichte war kurz.

„Wir sind die Vorläufer eines Kavalleriedepots, das von Montmirail nach Rozoy verlegt wird . Es wird zu heiß da unten! Wie weit ist es nach Rozoy ?"

Ich zog meine Karte heraus.

"Siebzehn Kilometer ."

"Oh Gott!"

Und die armen Kerle wischten sich die großen Schweißperlen von ihren staubigen Hälsen und Gesichtern.

„Bringen Sie eine Flasche Wein hoch. Ich stehe für die Getränke", rief ein Mann aus einer Ecke des Cafés.

"Zu welchem Regiment gehören Sie?"

„ *Die Zugstaffel* . "

Mein Herz machte einen Sprung vor Erwartung.

„Kennen Sie einen Mann namens H.?"

"NEIN."

Meine Enttäuschung war noch größer als meine Freude.

"Wie viele Pferde nehmen Sie mit nach Rozoy ?"

„Zweihundert und ein paar."

"Um wie viel Uhr werden sie hier vorbeikommen?"

„Sie müssen in einer halben Stunde eintreffen, wenn sie nicht unterwegs von den Boches in die Enge getrieben werden . Wir hatten selbst eine knappe Situation." Und nachdem sie ihre Gläser mit Weißwein und Wasser hinuntergeschluckt hatten, schwangen sie sich auf ihre Fahrräder und verschwanden, bevor wir weitere Einzelheiten erfahren konnten.

Ich hatte inzwischen genug Erfahrung, um zu wissen, dass es höchste Zeit war, uns auf den Weg zu machen, wenn wir nicht gefangen genommen werden wollten. Dennoch schien es unfair, ein paar sechzig unschuldige Menschen zurückzulassen, die zu langgezogener musikalischer Begleitung für die Seele ihrer Verstorbenen beteten. Während die Jungen sich anspannten, betrat ich also das Heiligtum, näherte mich durch einen Seitengang dem Altarraum, winkte einem Messdiener zu und flüsterte ihm ins Ohr, dass der Pfarrer seine Messe lieber beschleunigen und seiner Gemeinde dadurch Zeit geben sollte, den Eindringlingen zu entkommen.

Ich sagte dies ruhig und hoffte, er würde meinem Beispiel folgen und meine Botschaft überbringen, aber stellen Sie sich die Wirkung vor, die dieser

verängstigte Mensch hatte, der seine Hände in die Luft streckte und voller
Angst schrie: „ *Vite , vite , Monsieur le Cure! Voila', les Prussiens !* "

Ich wartete nicht ab, was geschah, sondern ging hinaus und schloss mich
meiner Gruppe an, die sich zum Aufbruch bereit machte. Wie weit die Messe
fortgeschritten war, als ich die Kirche betrat, konnte ich nicht beobachten,
aber ich weiß, dass sie nach meiner Warnung abrupt endete und das arme
Leichenpferd noch nie zuvor in einem solchen Tempo und auf so unwürdige
Weise zum Friedhof von Choisy galoppierte . Die Trauernden flossen
förmlich neben ihm her, stark vermindert, während die anderen wie Spreu
im Wind zerstreut wurden.

Die von den Radfahrern für die Ankunft der Pferde eingeplante halbe Stunde
hatte sich bei weitem überschritten, als wir uns wieder auf die Straße
machten, doch der Lärm der Kanonade war allmählich näher gekommen.

Ermüdet von diesem ständigen Lagerwechsel, beschloss ich, bei diesem
nächsten Schritt weit genug zu gehen, um mich einen Tag oder so wirklich
ausruhen zu können. Als ich meine Karte konsultierte, entdeckte ich, dass
Jouyle-Chatel in einer Entfernung lag, die ich für sicher hielt – fast dreißig
Kilometer und deutlich südlich von Paris. Der Nachmittag war noch jung,
also würden wir Zeit haben, die Stadt vor Einbruch der Dunkelheit zu
erreichen. Jedenfalls sagte ich George, er solle mich begleiten, und erklärte
ihm, dass er und ich mit voller Geschwindigkeit vorausreiten und für Betten
und ein Abendessen sorgen würden, bis die anderen eintreffen würden. Sie
wurden angewiesen, sich von der Dunkelheit nicht aufhalten zu lassen,
sondern weiterzukommen. Insgeheim hoffte ich, dass dies unsere letzte
Etappe sein würde und dass wir in Jouy bleiben könnten , bis es ratsam wäre,
den Heimweg anzutreten.

Die Fahrt von Choisy nach Jouy verlief ohne besondere Vorkommnisse. Die
Straßen waren ausgezeichnet, allerdings sehr wellig, und der einzige
Zwischenfall, der unsere Reise kennzeichnete, war ein betrunkener Typ, der
uns über den Weg sprang, seine Hand auf meinen Lenker legte und unter
Tränen fragte, was ich mit seiner Frau und seinen Kindern gemacht hätte.

Ich erklärte meine Unschuld in dieser Angelegenheit, was ihn erheblich
verärgerte.

„Jetzt weiß ich, dass Sie ein Spion sind! Runter –" George ließ ihm keine Zeit,
den Satz zu beenden, sondern schickte ihn mit einem wohldosierten Schlag
der Länge nach in den mit Brombeeren überwucherten Graben, und wir
zogen uns eilig zurück, ohne uns noch einmal umzudrehen.

Als wir Jouy erreichten, war es bereits Nacht , und am Ortseingang
erkundigte ich mich nach dem besten Hotel.

„ *Le Grand Turc* – aber die Besitzerin schließt gerade und macht sich zum Gehen bereit.“

„Was? Hier? Du willst doch nicht etwa sagen, dass die Panik auch hier angekommen ist?“

„Wir hatten in letzter Zeit so viele Flüchtlinge, dass die Frauen Angst bekamen und gehen wollten.“

George und ich trennten uns. Er wollte sehen, was er finden konnte, da uns der Zutritt zum besten Hotel verwehrt blieb, und ich machte mich unerschrocken auf den Weg, um die Besitzerin zu überreden, uns einzulassen.

Nachdem ausgiebig an den Türklinken geklopft und gegen die Fensterläden gehämmert worden war, forderte mich eine beißende Frauenstimme auf zu verschwinden.

"Ich mache zu und gehe."

„Weggehen? Wozu?“

"Um den Deutschen zu entkommen!"

„Wie dumm! Die kommen nie hierher. Ich komme gerade von der Marne und hatte gehofft, für meine Mitarbeiter Unterkunft und Verpflegung zu finden, bis der Krieg vorbei ist.“

Das machte ihr Mut, sie öffnete die Tür einen Spalt und streckte den Kopf hinaus.

„Ich bin beim Roten Kreuz. Hier sind mein Abzeichen und meine *carte didentite*
.
Glauben Sie nicht, dass Sie Platz für mich finden könnten?“

„Also, wir packen zusammen, aber wir müssen auf unsere Pferde warten, die auf einer Farm sieben Meilen von hier sind. Der Bauer sagte, er würde kommen, wenn Gefahr besteht.“

„Nun, Sie sehen, das gibt es nicht, sonst wäre er jetzt hier.“

Meine Gastgeberin schien überzeugt, öffnete die Tür ein wenig weiter und ließ mich passieren.

"Wie viele von euch sind da?"

"Vierzehn."

„Du meine Güte! Vierzehn Zimmer? Niemals!“

„Das verlange ich nicht, meine gute Frau. Wenn Sie ein Bett für mich finden und zufällig einen Erkerboden oder einen überdachten Schuppen haben, werden die anderen gern dort schlafen. Was die Mahlzeiten angeht, haben wir unsere eigenen Vorräte und werden draußen kochen. Es ist jedoch ein bisschen spät heute Abend, also wäre es für Sie lohnenswert, wenn Sie es schaffen könnten, ihnen eine Tasse heiße Suppe und ein Omelett zu geben, wenn sie ankommen."

Sie willigte in den Kompromiss ein und schickte eine ihrer Töchter, um mein Zimmer vorzubereiten. Dann schickte ich George, dessen Fahrradklingel ich auf der Straße läuten hörte, zum Stadttor, um dort auf den Rest unserer Gruppe zu warten und ihn zu begleiten. In der Stunde, die bis zu ihrer Ankunft verging, gewann ich die Gunst der Gastgeberin, indem ich einen eiternden Finger aufstach und das aufgeschürfte Knie ihrer kleinen Tochter verband.

Als die anderen ankamen, erzählte mir George, der während seiner Wartezeit nicht untätig gewesen war, dass Jouy fast keine Einwohner mehr hatte und dass die meisten Leute aus Mery -sur-Marne, einem Dorf in der Nähe von Villiers, für die Nacht auf Heuballen im Schulhaus und im Rathaus untergebracht waren.

Nachdem wir gegessen hatten, musste keiner von uns überredet werden, sich zurückzuziehen, und die Vorstellung, ein Bett zu bekommen, lockte mich früh auf mein Zimmer.

Da ich von Natur aus einen leichten Schlaf hatte, wurde ich ständig vom Kommen und Gehen und den Gesprächen unserer Besitzerin geweckt, die die ganze Nacht hindurch packte. Ein anderes Mal wurde ich von einer Glocke geweckt, die die Straße entlang läutete, die unter meinem Fenster vorbeiging, und von einer tiefen Männerstimme, die alle Leute aus Mery aufforderte , sich zum Rathaus zu beeilen. Die Wagen würden in einer Viertelstunde abfahren.

„Arme Narren", dachte ich und drehte mich im Bett um.

Als es hell wurde, konnte ich den nicht enden wollenden Strom von Flüchtlingen erkennen , der die Straße heraufzog, und als ich mich angezogen hatte und in den Hof eilte, sah ich, dass die anderen bereits ein Feuer angezündet hatten und Tee auf mich wartete.

„Um wie viel Uhr sollen wir losfahren, Madame?"

"Wo anfangen?"

„Ich habe nicht die geringste Absicht, noch weiter zu gehen. Habt ihr alle nicht genug von dieser Art des Reisens?"

Die Antwort war positiv und einstimmig!

„Der Lärm der Kanonen ist heute Morgen kaum zu hören, was sicher ein sehr ermutigendes Zeichen ist. Wir werden also versuchen, es uns gemütlich zu machen, bis wir sicher nach Hause gehen können."

Und ich überließ Julie die Verantwortung und machte mich allein auf den Weg, froh über einen Moment der Einsamkeit.

Auf meinen Streifzügen fand ich die Kirchentür offen vor und als ich eintrat, freute ich mich über den Frieden, der darin herrschte. Er beruhigte meine Angst und als ich mich zurückzog, waren meine Gedanken klarer und die Last meiner Verantwortung schien leichter.

Auf dem Weg zum Hotel wurde ich von einer Frau angesprochen, die mit einem Baby auf dem Arm eine Kuh hinter sich herführte.

"Möchtest du keine Milch?"

„Das glaube ich kaum."

„Bitte nimm es. Weißt du, ich habe nur mein Baby und meine Kuh gerettet und ich muss letztere zweimal am Tag melken. Ich kann nicht alles tragen, was sie gibt, also behalte ich, was nötig ist und werfe den Rest weg. Es scheint so eine Verschwendung zu sein."

Ich stimmte ihr zu und schickte sie zum Hotelhof. Sie wollte kein Entgelt annehmen, bedankte sich und eilte weiter.

Als ich ihr nachsah, berührte mich jemand am Arm und fragte mich, ob ich zum Rathaus gehen wolle; dort seien zwei Flüchtlinge, die Hilfe brauchten. Dort traf ich ein sehr altes Ehepaar, Bruder und Schwester, der älteste war 92 Jahre alt, die anderen zwei Jahre jünger. Sie stammten aus Mery , hatten in einem Privathaus in Jouy gewohnt und waren so gebrechlich, dass sie nicht rechtzeitig aufgestanden waren, um die Wagen zu erreichen, mit denen ihre Mitbürger am Abend zuvor weggebracht worden waren. Das hatte den alten Mann so aufgeregt, dass er zusammenbrach und stöhnend im Stroh liegen blieb, während die sanfte kleine Frau erklärte, dass es nicht das Zurückgelassene sei, was sie beunruhige, sondern dass es ihre Geldbörse und ihre Habseligkeiten seien, die auf den Karren weggebracht worden seien.

Ich tröstete sie, so gut ich konnte, versprach ihnen, ihnen warme Milch und Kekse zu schicken, und überlegte, was ich sonst noch für sie tun könnte. Jedenfalls sollten sie nicht verhungern, solange wir in Jouy blieben .

Das Mittagessen war bereits in vollem Gange, als ich ins Hotel zurückkehrte. In einem Topf, der auf einem eisernen Dreibein in der Mitte des gepflasterten Hofes stand, köchelte ein Kaninchen. In einem anderen roch ein Hühnerfrikassee verführerisch gut. Die Frauen und Mädchen schälten Kartoffeln und Zwiebeln, die in der Soße gekocht werden sollten, und ein schallendes Gelächter erhob sich aus der fröhlichen Gruppe, als wenige Augenblicke später George und Emile auftauchten, von Kopf bis Fuß mit Mehl und Teig bedeckt und jeder eine Flasche Weißwein unter dem Arm tragend.

„Was in aller Welt habt ihr Jungs angestellt?"

„Seht in uns die Stadtbäcker!", sagte Georg mit einer Handbewegung und er und sein Begleiter nahmen eine Haltung ein, die den Zuschauern erneut viel Heiterkeit entlockte.

„Das ist kein Witz – es gab keinen Bäcker mehr im Ort, also haben wir einen alten Kerl gefunden, der sagte, er würde uns zeigen, wie es geht, und jetzt wird der Teig fest. Um drei Uhr werden wir frisches Brot haben, das werden Sie schon merken!"

Vom Fenster aus beobachteten die Besitzerin und ihre Töchter interessiert unsere improvisierte Küche. Wir waren eine so amüsante Gruppe, dass ich Leon meine Kodak reichte und ihn bat, uns zu fotografieren, während ich mich bückte, um die Soße zu probieren.

Der Auslöser machte Klick!

Im selben Augenblick erklang aus dem Inneren des Hotels ein Schrei. Als ich aufblickte, sah ich, dass die Besitzerin und ihre beiden Töchter verschwunden waren.

" *Auf Nummer sicher ! Auf Nummer sicher !* "

Die Jungen und ich eilten zum Haus. Als wir den *großen Verkauf betraten* , sahen wir einen Mann, der eine menschliche Gestalt in den Armen trug und durch die Tür taumelte. Durch das Blut und den Staub, der die Kleidung des unglücklichen Jungen verschmierte, erkannte ich die Uniform eines Jägers. Nicht einmal ein Notverband stoppte den Blutfluss, der aus seiner Wange floss.

„Schnell – eine Matratze!", rief ich.

Die Besitzerin stand wie festgenagelt an der Tür zur Küche.

„Ist er verwundet?"

„Egal – eine Matratze!"

„Aber er könnte es beschmutzen –"

„Dann werde ich dafür bezahlen – aber um Himmels Willen, beeil dich!"

In diesem Moment stürzte der Kopf des Jungen nach vorne und das Blut strömte aus seinem Mund. Leon sprang dem alten Mann, der ihn festhielt, zu

Hilfe und ich hatte gerade noch Zeit, die Besitzerin aufzufangen, als sie ohnmächtig auf dem Boden lag.

„Legt den Jungen auf den Billardtisch und stopft ihm diese Decke unter den Kopf", sagte ich und schnappte mir den erwähnten Artikel von einem Bündel in der Nähe . „Kommt rein!", rief ich den beiden Töchtern zu, die im Nebenzimmer heulten, entsetzt über das, was sie gesehen hatten. „Kommt rein – legt sie flach, lockert ihre Kleider und übergießt sie mit kaltem Wasser. Sie ist nicht tot und ich habe keine Zeit, mich um sie zu kümmern."

Während andere den Verletzten auf den Tisch legten, holte ich schnell meinen Notfallkoffer, an den ich zum Glück gedacht hatte.

Mit einer scharfen Schere schnitt ich die blutigen Kleidungsstücke ab und wusch meinen Patienten mit ein wenig warmem Wasser, damit ich sehen konnte, was los war . Er war nur halb bei Bewusstsein, seine Augen rollten wild und seine Hand ergriff meine und drückte sie vor Schmerzen.

Ich entdeckte eine winzige Wunde an der Wange und beglückwünschte mich gerade dazu, dass die Kugel vielleicht im Fleisch stecken geblieben war. Als ich seinen Kopf sanft zur Seite drehte, wurde mir angesichts der schrecklichen Wunde, die sich mir bot, fast übel.

Entweder war eine Mauser- Pistole oder eine aus kurzer Entfernung abgefeuerte Sprengkugel in die Wange eingedrungen und hatte sich ihren Weg durch den Kopf des Jungen gebahnt, wobei ein Teil des Ohrs und – nun ja – ein Teil davon mitgerissen worden waren.

„Ist hier noch ein Arzt?", rief ich der Köchin zu, die in der Tür stand und nachsah. „Laufen Sie und sehen Sie, ob Sie ihn kriegen können – denn ich bin hier unfähig. Schnell! Es geht um Leben oder Tod!"

Und während sie weg war, stopfte ich Watte und Jod in die riesige Höhle, in der Hoffnung, die Blutung zu stoppen. Während ich den Verband anlegte, befragte ich den Mann, der ihn gebracht hatte.

"Wo hast du ihn abgeholt?"

„ Amillis – anderthalb Meilen von hier. Die Ulanen haben auch auf mich geschossen, als sie sahen, dass ich ihm half. Sehen Sie sich die Sohle meines Schuhs an! Sie folgen mir dicht auf den Fersen."

Ich trat ans Fenster. „George und Leon! Schnell! Lasst alles stehen und liegen. Haltet an und verschwindet blitzschnell von hier! Ich folge euch im Wagen dieses Mannes. Haltet an und ich sage euch, wohin ihr gehen müsst."

Fritiertes Huhn und Kaninchenragout waren vergessen und ich konnte hören, wie meine Leute wie wild durch den Hof rannten und Befehle befolgten.

Der Arzt erschien. Ich erklärte: „Soll ich den Verband abnehmen?"

"Nutzlos."

„Dann sag es nicht laut, denn er ist noch nicht bewusstlos."

Der arme Kerl drückte zum Beweis meine Hand. Der Arzt errötete knallrot.

„Ich gebe ihm eine Äther-Injektion, und dann bringen Sie ihn in Ihrem Wagen zum nächsten Krankenhaus – es ist Provins – dreißig Kilometer von hier."

Er stach die Nadel hinein und reichte sie mir dann zusammen mit einer Phiole: „Hier – nimm das. Ich ziehe aus. Ich muss Frau und Baby retten. Halte sein Herz am Schlagen – es besteht nicht die geringste Chance. Adieu!"

Ich stand wie versteinert da.

„Bringen Sie ihn weg, ich mache zu! Bringen Sie ihn weg –", schrie die Wirtin, die sich von ihrer Ohnmacht erholt hatte.

Ich sah den alten Mann an, der den Jungen gebracht hatte.

"Wohin gehst du mit deinem Wagen?"

„Nach Coulommiers – um meine Schwägerin und ihre Kinder zu retten."

„Guter Gott, Mann! Siehst du denn nicht, dass dir der Weg nach Coulommiers versperrt ist, wenn dieser Junge in Amillis verwundet wurde ?"

"Es darf nicht sein."

„Es ist keine Zeit zum Diskutieren. Meine Wagen sind bis zum Bersten voll. Lassen Sie diesen Jungen hier, damit er von den Deutschen erledigt wird, oder lassen Sie zu, dass ich ihn in Ihren Wagen setze und in ein Krankenhaus fahre?"

„Aber Provins muss inzwischen besetzt sein. Es liegt östlich von hier."

„Ich hatte nie die Absicht, dorthin zu gehen. Ich bin auf dem Weg nach Melun ."

" Melun ?"

"Ja."

„Du meine Güte! Das sind siebzig Kilometer! Meine arme Schwägerin! Mein Pferd!", jammerte der alte Kerl.

"Also, eins, zwei, drei", sagte ich und klopfte sanft auf meine Browning, die ich aus meiner Außentasche gezogen hatte. "Wirst du es anmutig machen? Das ist richtig. Und jetzt hör auf zu weinen. Ich werde dich freilassen, sobald ich jemand anderen finde, der es mit mir aufnimmt. Das Wichtigste ist, dass du hier rauskommst, und zwar schnell! Es könnte jetzt zu spät sein."

Die Jungen hatten eine Matratze geholt, irgendwo Kissen und ein Laken gefunden, und sanft legten wir den Sterbenden auf den alten Bauernkarren.

„Ihr Jungs nehmt eure Fahrräder und fahrt los. Sagt den Flüchtlingen, denen ihr begegnet, sie sollen nach rechts abbiegen und nicht die ganze Straße blockieren. Wir bringen einen Verwundeten ins Krankenhaus. Wenn ich denke, dass der Weg frei ist, fahre ich mit Vollgas los. Sagt unseren Karren, sie sollen nach Melun fahren und weiterfahren, bis sie dort sind. Ich kann mich nicht mit ihnen abgeben. Wir treffen uns an der ersten Brücke über die Seine."

Sie fuhren los, und ich kletterte neben meinen Patienten, der sich vor Schmerzen krümmte und sich mal von einer Seite, mal von der anderen Seite wälzte, und versuchte, es ihm so bequem wie möglich zu machen. Alle anderen Wagen waren schon weg, bevor wir losfuhren, und mein weinerlicher Fahrer murrte und klagte weiter.

Zweihundert Meter vom Hotel entfernt, wo die Straße eine scharfe Kurve macht, hielten wir abrupt an, denn wir waren auf eine Gruppe gestoßen, die aus meinem Jungen George und drei französischen Jägern bestand. Zwei waren zu Pferd, ihre blanken Schwerter glitzerten im Sonnenlicht; der dritte auf einem Fahrrad – und alle drei sowie George kreischten aufgeregt einem phlegmatischen Tommy Atkins zu, der auf einem Meilenstein saß und seelenruhig seine Pfeife rauchte. Hinter ihm knabberte sein Pferd friedlich Gras. Beim Anblick meines Armreifs und des aufgeregten weißen Lakens im Wagen näherten sich die Jäger eilig.

„Was hast du da? Unseren Kameraden Ballandreau ?"

„Ja." (Ich hatte den Namen des Jungen in seinem Militärbuch gesehen.)

"Ist er tot?"

"NEIN."

"Schwer verwundet?"

"Ja."

" *Sagt euch Englisch ?* ", brüllten sie alle drei gleichzeitig.

"Ja."

„Dann sag um Gottes Willen dem Dummkopf, der auf dem Stein sitzt und dessen Pferd lahmt, er soll das Fahrrad des dort stehenden Bauern ergreifen und uns folgen."

Ich habe höflich übersetzt.

„Warum?", fragte der Engländer und zog an seiner Pfeife.

„Warum?", fragte ich den Jäger.

"Warum? Siehst du das?", sagte einer auf einem Fahrrad, drehte sich um und zeigte auf die Straße hinter uns. "Siehst du das? Das sind die Ulanen . Die, die Ballandreau vor einer halben Stunde erwischt haben, die, die mein Pferd erwischt haben, und die, die uns alle erwischen werden, wenn wir noch länger hier bleiben."

„Die Ulanen !" rief ich Tommy zu und zeigte ihm die vorrückenden Gestalten eines halben Dutzends Kavalleristen, deren schwarze Lederhelme eine Meile weiter oben auf der Straße in der Sonne glänzten.

„Sie sind zu siebt – auf Patrouille – und siebenhundert folgen ihnen! Komm, alter Junge, es heißt jetzt oder nie!"

„Und ich – wohin soll ich gehen?", sagte ich und sprang in den Wagen. George folgte mir.

„Zum Teufel, wenn du willst, aber schnell!"

Die Warnung kam gerade rechtzeitig. Wir waren gesehen worden, und scharfe, schwirrende Geräusche im Gras und über unseren Ohren verrieten uns, dass unsere deutschen Verfolger nicht die Absicht hatten, uns entkommen zu lassen.

„Auf die Knie, Mann!", brüllte ich und zog den alten Kerl mit mir, als wir uns auf Höhe des Armaturenbretts duckten. Und ich löste eine Pferdenadel und stieß sie gnadenlos in die Flanken unseres Pferdes, das nach vorne sprang und uns beinahe hinauswarf.

Zisch! Zisch! Zisch!

Es war, als würde eine Heuschreckenwolke über uns hinwegfegen.

Als ich dann den Blick hob, konnte ich am oberen Ende des steilen Abhangs, den wir hinaufstiegen, mehrere Reiter in Uniform erkennen und hinter ihnen eine riesige Rauchsäule.

„Himmel!", keuchte ich, „ diesmal sind wir gefangen – aber jetzt ist es zu spät, um umzukehren. Wir sind definitiv Gefangene!"

Dann erschienen zwei Kavalleristen und marschierten seelenruhig die Straße entlang in unsere Richtung. Eine Sekunde später erkannte ich die britische Uniform und atmete wieder auf.

„Zurück!", schrie ich. „Zurück! Die Deutschen sind uns auf den Fersen!"

Die Männer waren erstaunt, dass sie ihre Muttersprache sprachen, und näherten sich.

„Dem Himmel sei Dank, hier ist jemand, der uns den Weg weist", sagten sie, als sie längsseits kamen und salutierten.

Ich antwortete mit einem Nicken.

„Wir sind verloren", sagten sie, „von unserer Brigade abgeschnitten."

„Das ist nichts. Wie viele von euch sind da? Genug, um zu kämpfen? Die Deutschen kommen schnell und mit voller Wucht."

„Wir sind nur zu zweit und unsere Pferde sind erledigt. Wir wurden heute Morgen   aus Coulommiers vertrieben ."

Mein Fahrer hob die Hände und schluchzte.

„Das Pferd unseres Freundes John hinkte und wir ließen ihn unten am Hügel zurück, während wir hochkamen, um die Gegend zu erkunden. Wir können ihn nicht ganz allein dort unten zurücklassen."

„Er ist weg – weg – das schwöre ich. Ich bin den französischen Jägern auf meinem Fahrrad gefolgt und habe sein Pferd am Steuer geführt!"

"Gott sei Dank!"

„Nun, wie weit die Deutschen kommen werden, ist eine Frage. Sie werden wahrscheinlich einmarschieren und die Stadt besetzen, und dann bleibt uns nur eines zu tun – abhauen."

Zisch! Zisch! Zisch – das Blei spritzte förmlich um uns herum!

Leon und Emile fuhren zurück und sagten, dass die Straße vor ihnen frei sei.

„Les Boches ", sagte ich und zeigte den Hügel hinunter.

„Kommt schon, ihr Feiglinge!", brüllten meine Jungs trotzig, während George das Gewehr meines verwundeten Mannes schwang.

„Oh, Madame, fragen Sie die Engländer nach ihren Revolvern. Sie haben ihre Gewehre – das sind fünf von uns bewaffnet, und Monsieurs Revolver macht sechs! Es ist fast Mann gegen Mann. Ach, bitte, Madame!", flehten sie.

In der Aufregung des Augenblicks verlor ich fast den Kopf und willigte ein. Ich war so aufgebracht, dass jede Lösung eine Erleichterung für mich gewesen wäre. Die Briten sahen, wie ich meine Hand in die Tasche steckte.

„Nein! Nein!", flehten sie. „Das geht nicht – wenn wir erwischt werden, werdet ihr nicht getötet – sondern ermordet, gefoltert! Wir sind die einzigen, die das Recht haben zu schießen!"

„Aber sie haben meinen Einkaufswagen vollgestopft, unabhängig von meinem Geschlecht!"

„Das ist vielleicht ihre Art, Krieg zu führen, aber nicht unsere. Nun denn, los – schnell."

Wir verschwanden hinter einer Baumgruppe und rasten die freie Straße hinunter, so schnell unsere Pferde uns trugen. George schlich sich auf seinem Rad zurück, um zu sehen, ob unsere Angreifer uns folgten, und kam strahlend zurück, um zu verkünden, dass sie, nachdem sie die Hälfte der Landzunge erreicht hatten, umgekehrt waren und im Galopp ritten, um Jouy einzunehmen – wie ich es vorhergesagt hatte.

„Wo ist unsere nächste Kaserne?", fragte einer der Schotten. (Mir wurde jetzt klar, dass ich ein wenig mit den Schotten zu tun hatte.) Wir wurden etwas langsamer.

„Wo ist unsere nächste Kaserne?", erkundigte sich einer der Schotten.

„Woher in aller Welt soll ich das wissen? Bis ich Sie traf, war mir kaum bewusst, dass es britische Truppen auf dem Kontinent gibt!"

"Wohin geht Ihr Ziel?"

„ Melun . Dort ist in Friedenszeiten eine große französische Garnison stationiert. Dort können Sie sicher sein, dass Sie immer Befehle erhalten – es sei denn, wir begegnen jemandem auf der Straße."

Sie dachten, das wäre die beste Idee, fielen zurück und galoppierten hinter meiner Karawane her, die ich inzwischen eingeholt hatte.

Wir trabten mehrere Stunden lang über Stock und Stein weiter, während mein armer, verwundeter Junge sich noch immer auf seinem Schmerzensbett krümmte.

Gegen vier Uhr erreichten wir eine lange, glatte Strecke, von der aus wir mehrere Meilen weit nach rechts und links über die Ebene blicken konnten. Plötzlich erspähte ich an einer Kreuzung, die senkrecht zu unserer verlief, einen Motorwagen. Bald folgte ihm ein weiterer und dann noch einer, und als wir weiterfuhren, erreichten wir die Kreuzung gerade rechtzeitig, um Harrods' Stores, Whitley's, Swan & Edgar und eine endlose Anzahl von Versorgungswagen der englischen Armee direkt auf uns zukommen zu sehen.

Da ich wusste, dass es unmöglich sein würde, vorbeizukommen, bevor die ganze lange Schlange vorbei war, überquerte ich die Straße und sah, dass die Scots Grays bald Freunde finden würden. Ich rief Leon an, zog eine Karte hervor und sagte ihm, er solle zurückradeln und eine Flasche Champagner ausgraben, die ich in unserem Heuwagen versteckt hatte, und sie unseren

Soldatenfreunden als Armschiene und Souvenir schenken. Und dann fuhren wir weiter.

Zwei Minuten später ertönte zu meiner großen Überraschung auf der Straße hinter mir eine laute Motorhupe, und als ich zurückblickte, sah ich, wie ein Privatwagen hinter einem der englischen Autos hervorkam und auf uns zuraste. Es war ein Viersitzer mit nur zwei Insassen , einem Chauffeur und einer Frau mit einem strömenden weißen Schleier.

„Schnell!", kreischte ich, packte die Zügel und zog unseren Karren mit vollem Gepäck auf die Mitte der Straße. „Sie müssen mich und den Jungen nach Melun bringen !"

Als mein alter Freund sah, dass seine Rettung so nahe war, gehorchte er sofort.

Der Motor war von unserem Verhalten verblüfft und wurde langsamer.

„Aus dem Weg!", schrie der Chauffeur. „Sind Sie verrückt? Raus, oder ich fahre Sie über!"

„Niemals! Hören Sie, es ist mir egal, wohin Sie unterwegs sind, aber Sie müssen in Ihrer Maschine Platz für mich und einen sterbenden Mann machen. Es ist Melun – oder nichts!"

„Verwundet! Himmel, die Deutschen! Wir sind gefangen! Weiter, schnell, schnell, sage ich!", kreischte die Frau.

Der Chauffeur machte eine Bewegung, als wolle er an uns vorbeischlittern.

„Nein, das tust du nicht", sagte ich und holte erneut meine zuverlässige Browning hervor.

Die Frau verbarg ihr Gesicht in ihren Händen.

„Also, entweder machen Sie uns Platz, oder ich blase Ihnen die Reifen weg, und Sie müssen absteigen und laufen, wie wir alle!"

Mein grauhaariger Fahrer jubelte.

„Das stimmt, Madame, Sie haben es geschafft!", ermutigte er sie.

Es blieb uns einfach keine andere Wahl. Der Chauffeur stieg ab und begann, die Benzinkanister auf der Rückbank zu stapeln. Dann packten wir beide eine Ecke der Matratze, hievten den Kranken auf die Maschine und deckten ihn mit einem Laken zu. So sehr wir uns auch bemühten, wir konnten ihn nicht dazu bringen, seine Knie zu beugen, und so wurde der arme Chauffeur während der gesamten Fahrt ständig von der gequälten Seele getreten, die wir zur chirurgischen Versorgung brachten.

„Also gut", sagte ich und wandte mich an meinen alten Fahrer. „Danke für deinen Wagen und gute Reise nach Coulommiers . George, sag meinen Leuten, sie sollen mich in Melun treffen ."

Und ohne Hut, ohne Mantel und nur mit einem goldenen Louis in der Tasche (ich hatte meine Tasche Julie anvertraut, als der Verwundete in Jouy angekommen war) machte ich mich auf unsere Rekordreise nach Melun .

VII

Es war eine aufregende Reise, dieser Wettlauf um Leben und Tod – denn mit jedem Augenblick spürte ich, wie mein verwundeter Junge schwächer wurde, und jeder krampfhafte Tritt bedeutete den Verlust von so viel Lebensblut. Während der zahlreichen Abenteuer, die uns zwischen unserer Abfahrt von Jouy -le- Chatel und unserer Begegnung mit dem Motor widerfuhren, war meine Injektionsnadel so heftig behandelt worden, dass sie ihren Dienst verweigerte. Als wir mit Höchstgeschwindigkeit in Mormont einbogen, war ich gezwungen, meinen Fahrer zu bitten, langsamer zu fahren und nach einem Arzt zu fragen. Wir wurden von ein paar gaffenden Frauen am Rande der kleinen Stadt geleitet, die unseren Auftrag nicht ganz verstanden. Sie müssen jedoch bald aufgeklärt worden sein, denn als wir den öffentlichen Platz überquerten, strömten die Krankenwagen des Britischen Roten Kreuzes herein und stellten sich in Kampfaufstellung auf. Hinter ihnen folgte ein stetiger Strom von Munitionswagen, sowohl Pferde- als auch Lastwagen, und von Mormont bis Melun war die Reihe ununterbrochen.

Der Arzt war abwesend, aber seine Frau übernahm bereitwillig seinen Platz, und mit neuer Hoffnung verließen wir rückwärts den Hof und brausten Richtung Süden.

Wie die Landschaft aussah, durch die wir fuhren, kann ich wirklich nicht sagen. Ich hatte das träumerische Gefühl, den Hund eines Flüchtlings überfahren zu haben und zu hören, wie sein Besitzer uns wärmere Gefilde wünschte – und außerdem hatte ich das Gefühl, dass meine blutbefleckte Schürze und das aufgeregte weiße Laken neben mir bei den Fahrern und Insassen der ASC-Autos, die eine ganze Straßenseite einnahmen, große Neugier weckten.

Einer nach dem anderen sausten die Meilensteine vorbei und schließlich erreichten wir Melun .

„Wo ist das nächste Krankenhaus?", fragte ich eine Gruppe Soldaten, die vor einer Kaserne herumlungerten.

"Aufgeben! Alle evakuiert!"

Unser Fahrer brauchte nichts weiter, und so fuhren wir weiter in die Stadt, während ich den Leuten hinter mir pantomimisch signalisierte, dass ich einen Verwundeten in den Armen hielt.

Vor dem Rathaus versammelte sich ein lärmender Pulk, und als Antwort auf unsere Fragen sprang ein Mann mittleren Alters auf die Stufe.

„Gehen Sie voran, ich werde Sie führen. Alle sieben Krankenhäuser von Melun wurden heute Morgen nach Orleans verlegt. Das gemischte Krankenhaus ist alles, was noch übrig ist."

Nach einer gefühlt endlosen Zeit kamen wir schließlich einen langen Hügel hinauf, und nach langen Verhandlungen gelang es mir, meinen Patienten den medizinischen Behörden zu übergeben.

Durch die halb geöffnete Tür des kleinen stickigen Büros, in das ich geführt wurde, konnte ich einen Arzt in weißer Schürze und eine Krankenschwester sehen, die meinen Jungen richtig bandagierten. *Als* meine *Weggefährten* gegangen waren, ging ich in die Station und direkt zum Bett.

„Gibt es Hoffnung?"

„Nicht im Geringsten! Hätten wir doch das Recht, ihnen solches Leid zu ersparen! Morphium hilft in seinem Fall nicht mehr!"

Es war ein Schock, das zu hören. Der Junge, den ich noch vor ein paar Stunden nicht gekannt hatte, wurde mir plötzlich sehr lieb. Ich drehte mich um, um meine Erregung zu verbergen, wurde aber aufgeschreckt, als ich die doppelte Reihe weißer Betten sah, auf denen sich Männer und Jungen in schrecklichsten Qualen krümmten, doch kein Laut kam über ihre Lippen. In der Mitte des Zimmers stand ein zweiter Arzt, ein schlanker Mann mit Spitzbart, wusch sich die Hände und begann dann, ein Paar lange Gummihandschuhe anzuziehen. Er ging zu einem Becken hinüber und sah sich, nachdem er seine Instrumente desinfiziert hatte, nach einem Helfer um.

„Kann ich etwas für Sie tun, Doktor?"

Nicht im Geringsten überrascht von meiner Dreistigkeit fragte er: „Sind Sie Krankenschwester?"

"NEIN."

„Haben Sie schon einmal eine Operation gesehen? "

"Ja."

Ich habe gelogen.

"Haben Sie ein gutes Temperament?"

"Ja."

„Dann kommen Sie hier her und halten Sie dieses Becken." Ich gehorchte, und dann begann Doktor Jean Masbrennier mit einer Reihe von Operationen, die mir für immer in Erinnerung bleiben werden.

Während er arbeitete, redete er – und teilte mir mit, dass das Rote Kreuz am Morgen mitsamt den Ärzten hastig evakuiert worden war. Nur diejenigen, die nicht transportiert werden konnten, waren zurückgeblieben, und nur zwei Zivilärzte waren da, um sich um sie zu kümmern. Eine Krankenschwester war jedoch zurückgeblieben, um alle Verbände anzulegen. Deshalb war ich in den Dienst gerufen worden. Es dauerte nicht lange, bis wir in Elizabeth Gauthier eine gemeinsame Bekannte fanden, und die Ärztin war seit langem mit H.s Arbeit vertraut.

Es wäre sinnlos, die Schrecken zu beschreiben, die ich miterlebte, oder zu versuchen, der Heldenhaftigkeit gerecht zu werden, mit der diese ersten glorreichen Verwundeten dieses langen Krieges ihr Schicksal akzeptierten. Ich kann es mir jedoch nicht verkneifen, die Ausdauer eines großen schwarzen Senegaliers zu erwähnen , der die Bewunderung von Ärzten und Nachbarn gewann, indem er Morphium oder Kokain ablehnte und darauf bestand, dass die sieben Kugeln, die in seinem Hals und seiner Kehle steckten, auf diese Weise entfernt wurden – ohne ein Wort zu sagen!

Als es vorbei war und wir ihn schließlich wieder auf sein Kissen legten, rollten ihm die Tränen über die Wangen und er drückte meine Hand mit seiner großen schwarzen Pfote und führte sie dann sanft zu seinen Lippen.

Wie viele Verwundete gab es? Ich habe sie nicht gezählt. Ich weiß nur noch, dass ich versprochen habe, am nächsten Tag wiederzukommen und den Frauen, Müttern und Liebsten von mindestens einem Dutzend Männern und Jungen Briefe zu schreiben.

Es war spät, als das letzte Becken geleert war und Dr. Masbrennier seine Schürze aufband.

Während wir uns abwuschen, fragte ich ihn, ob er so freundlich wäre, mich aus dem Krankenhaus zu begleiten und mir zu sagen, wo es ein anständiges Restaurant gäbe, in das eine Frau alleine gehen könnte.

„Ich habe weder Hut, Mantel noch Handschuhe. Sie kommen mit dem Karren.“

„Das stimmt; vielleicht hast du seit dem Mittagessen nichts gegessen und ich habe dich mit leerem Magen arbeiten lassen!“

„Schlimmer noch!“, lachte ich.

"Was?"

„Nichts seit dem Frühstück in Jouy -le- Chatel .“

„Guter Gott, Frau!“ Und er nahm mich am Arm und führte mich schnell den Flur entlang.

Als wir durch die Eingangstür gingen, hielt ein Vorgesetzter Dr. Masbrennier an , und obwohl ich außer Hörweite ging, waren die Worte „Evakuierung“

und „heute Nacht" deutlich zu hören. Eine Sekunde später holte mich mein Begleiter ein.

„Es tut mir leid, dass ich Sie nicht begleiten kann, aber das ganze Krankenhaus muss sofort nach Orleans. Es muss Platz für die Neuankömmlinge geschaffen werden! Ich rufe zu Hause an. Der *Gouverneur* wird es Ihnen bequem machen." Und er fuhr fort, mir genaue Anweisungen zu geben, wie ich sein Haus erreichen konnte.

„Kommen Sie lieber nach Orleans, wo wir uns um Sie kümmern können."

„Tut mir leid, aber ich bin weit genug nach Süden gegangen."

„ *Also auf Wiedersehen und großen Dank.* "

" *Auf Wiedersehen.* "

Und eine Sekunde später stand ich draußen in der eisigen Dunkelheit.

Zum ersten Mal in meinem Leben hatte ich das Gefühl, völlig allein zu sein. Niemand auf der Welt wusste, wo ich war, und wenn ich nicht auf Dr. Masbrenniers Versprechen eines warmen Abendessens vertraut hätte, hätte ich mich gern einem kleinen Anfall von Verzweiflung hingegeben. Und so wanderte ich weiter durch die schmuddeligen, schwarzen Straßen von Melun , wo kein Laternenpfahl und kein Schaufenster erleuchtet war und kein Mensch sich zu rühren schien. Wo war meine kleine Truppe? Wie und wann würden wir uns alle treffen?

So grübelnd gelangte ich zu einer Brücke. Ein Wachposten leuchtete mir mit einer Taschenlampe ins Gesicht.

" *Auf keinen Fall !* "

Ich zeigte mein Armband und er trat zur Seite.

Auf halbem Weg erkannte ich zwei menschliche Gestalten, die sich über das Geländer lehnten, und ihrem Beispiel folgend bemerkte ich ein halbes Dutzend *Genies, die* hart daran arbeiteten, das Fundament des Mittelbogens abzubauen. Also sollten auch diese Brücken gesprengt werden! Was sollte ich tun? Auf der anderen Seite bleiben und auf meine Karawane warten oder hinübergehen und mein Glück allein versuchen? Ein Reflektor schwang von unten nach oben und beleuchtete die Brücke.

„George!", keuchte ich.

Eine der beiden Gestalten richtete sich schlagartig auf! In einer Sekunde hatten mich die Jungen erkannt. „Was machst du hier? Wo sind die anderen?"

Ich schüttete ihnen ein Dutzend Fragen aus, ohne ihnen Zeit zum Antworten zu geben. Als ich fast außer Atem war, hielt ich an und sie erklärten, dass die

Karawane am Stadtrand von Melun angehalten worden war . Nach Einbruch der Dunkelheit durften keine Flüchtlinge mehr hinein. Glücklicherweise dachten die Jungen an die Kleidung und Waffen meines Verwundeten, und dank dieser durften sie passieren und sie der Gendarmerie übergeben. Da sie sich daran erinnerten, dass ich Freunde in Barbizon hatte, hatten sie die anderen auf einem Umweg dorthin geschickt und waren weitergekommen, um mich zu finden.

„Aber wie bist du hierher gekommen?"

„Cesar hat uns mitgebracht."

„Wo ist er? Und Betsy?"

„Oh, wir haben einen Zahnarzt gefunden, der einen leeren Stall hatte. Er hat sie aufgenommen. Betsy weigerte sich, den Wagen zu verlassen. So ein Picknick hat sie in ihrem Leben noch nie erlebt: Sie war den ganzen Tag in einer 10-Pfund-Schachtel voller Würfelzucker unterwegs!"

Alle Sorgen waren verschwunden, jetzt, da ich wusste, wie ich mich verhalten sollte. Das Wichtigste war jetzt, etwas zu essen zu bekommen. Also marschierten wir in der immer tiefer werdenden Dunkelheit weiter den Hügel hinauf. Wir gingen schweigend weiter, eine scheinbar endlose Strecke. Einmal glaubte ich, mich verirrt zu haben und war kurz vor der Verzweiflung, als das Trampeln von Füßen, die auf uns zukamen, mir wieder Hoffnung gab. Eine Sekunde später richtete ein muskulöser Arm eine Laterne auf mein Gesicht und ein riesiger Polizeihund knurrte dicht hinter mir.

Masbrennier geht ?"

"Ja."

" *Tres bien* . Sind diese Jungs bei dir?"

"Ja."

„Dann folgen Sie mir. Wir schließen das Haus des Arztes, aber ich werde auf Sie aufpassen."

Ohne weiteres trotteten wir hinter unserem Führer her, der nach weiteren hundert Metern in ein Tor einbog und uns die Steinstufen eines prächtigen Wohnhauses hinaufführte. Er öffnete die Tür, schaltete das elektrische Licht an und trat in den Vorraum.

„Kommen Sie rein", sagte er. „Ich bin gleich wieder da." Und er verschwand.

Da standen wir nun, Leon, George und ich, und warteten darauf, dass etwas passierte, dass jemand auftauchte. Fünf – zehn – fünfzehn Minuten mussten vergangen sein – noch immer war kein Laut zu hören. Ich begann mich gerade zu fragen, ob wir nicht Opfer eines Streiches geworden waren, als aus einem Raum, der in den Vorraum führte, ein Licht hervorschien. Die Vorhänge teilten sich und unser Freund von der Landstraße erschien.

„Ist nicht viel – aber so wie es ist, seid ihr herzlich willkommen. Setzt euch und macht es euch bequem." Und wieder verschwand er.

Auf einem schneeweißen Tischtuch waren drei Gedecke ausgelegt und ein verlockendes Abendessen, bestehend aus Brot und Butter, Käse, einer Flasche Weißwein und einem riesigen Korb mit köstlichsten Gewächshaustrauben und Birnen, erfreute unsere hungrigen Blicke. Wir brauchten keine zweite Einladung! Wir stürzten uns mit aller Macht darauf und nach einer Viertelstunde war kaum ein Krümelchen übriggeblieben.

„Wenn Sie fertig sind, kommen Sie nach oben. Madame nimmt die erste Tür rechts. Und Sie Jungs kommen eine Etage höher", rief eine Stimme von oben.

Wir gehorchten, und bevor ich mich zurückzog, wartete ich eine gute halbe Stunde in der Hoffnung, dass unser Freund wieder auftauchen würde. Aber niemand kam – also verriegelte ich meine Tür, sprach ein Dankgebet und schlief bald fest ein.

Sonntagmorgen, der 6. September, stand die Sonne hoch am Himmel, als ich unter meinen spitzenbesetzten Laken hervorlugte und das vertraute Geräusch der Kanonen hörte. Es war ein lang anhaltendes Dröhnen, und da ich mich inzwischen an die Distanz gewöhnt hatte, nahm ich an, dass die Schlacht bei Mormont im Gange war. Und ich hatte mich nicht geirrt. Wenig später bestätigten offizielle Nachrichten meine Vermutung.

Als ich feststellte, dass es in meinem Zimmer keine Klingel gab, öffnete ich die Tür und sah einen Krug mit heißem Wasser davor stehen und auf einem Stuhl daneben einen neuen Kamm, einen sauberen Staubwedel aus Leinen und ein Taschentuch. Eine kurze Nachricht teilte mir mit, dass ich im Esszimmer Frühstück finden würde, und bat mich, eine Nachricht auf dem Tisch zu hinterlassen, wann ich zum Mittagessen kommen würde. Das Geheimnis wurde noch größer – denn es war kein Laut zu hören, außer im Garten, wo ich George und Leon erspähte, die mir mitteilten, dass das Haus leer war, und „ein prächtiges Haus, Madame!", riefen sie voller Bewunderung.

Obwohl Melun teilweise verlassen war, war es dank der Anwesenheit zahlreicher britischer Truppen und der inzwischen vervierfachten langen Reihe von ASCs auf der Hauptstraße (zwei Linien hin, zwei Linien zurück) voller Leben.

Als ich mir meinen Weg zwischen ihnen bahnte und die Straße überquerte, wurde meine Aufmerksamkeit von einem französischen Bauern gefesselt, der sich in Zeichensprache mit dem gutaussehenden Fahrer eines dieser Lieferwagen unterhielt, während mehrere Kinder lautstark darum baten, sich einen Moment auf den Sitz setzen zu dürfen, „nur um zu sehen, wie es aussah".

„Kann ich Ihnen irgendwie behilflich sein?"

„Eher! Scheint gut zu sein, Englisch zu hören, danke."

"Wirklich?"

„Ja. Darf ich fragen, woher Sie kommen?"

"Die Staaten."

"Kennen Sie Cleveland?"

"Ja."

„Also, meine Mutter und drei Brüder sind auf diesem Friedhof begraben. Kolonialisten, wissen Sie. Ich bin Engländer – aus Bath – und der älteste Sohn. Ich konnte die Dinge nicht so sehen wie sie. Vielleicht wäre es besser gewesen, wenn ich mich den anderen dort angeschlossen hätte."

Ich lächelte über dieses unerwartete und spontane Geständnis. Der Junge sah es und wurde rot.

„Möchten Sie, dass ich diesem Mann irgendetwas Besonderes sagen soll?", fragte ich schnell, um seine Verlegenheit zu überdecken.

„Nein, danke. Aber da ist eine Sache, die Sie mir vielleicht sagen können."

"Was?"

„Glaubst du, wir sind rechtzeitig ‚zu Hause‘, um das Weihnachtsessen zu essen?"

"Eher!"

„Vielen Dank! Auf Wiedersehen."

„Auf Wiedersehen und viel Glück."

Und nachdem ich das Foto von ihm geschossen hatte, machte ich mich eilig auf den Weg die Straße hinunter, denn ich konnte sehen, wie George und Leon, die vorausgegangen waren, nun auf mich zuliefen.

„ *Vite* , Madame. Sie brauchen Sie!"

"WHO?"

„Die Engländer. Sie können es den Leuten nicht verständlich machen."

Ich drängte mich weiter und stieß auf eine Gruppe von Gaffern, die vor einem Laden standen. Zwei Minuten entfernt stritten englische Offiziere in ihrer Muttersprache mit einem wütenden Metzger, der einen Arm wild in der Luft herumfuchtelte und mit dem anderen ein riesiges Messer schwang und dabei die ganze Zeit wie verrückt schrie:

"La' voila-la voila!", sagten George und Leon und zogen mich fast nach vorne, stolz darauf, meine Leistungen zu präsentieren. " *La voila! Vous etes Sauve* . "

Mein größter Wunsch war, umzudrehen und wegzurennen, aber die Menge teilte sich, um mich durchzulassen.

„Würde es Ihnen etwas ausmachen, Madame?", bat der Leutnant. „Wir brauchen Ihre Hilfe, um diesem Mann klarzumachen, dass wir Fleisch für die Armee beschaffen. Wir zahlen bar, aber er kann es auch höflich geben, denn wir haben das Recht, ihm seine Kühlbox aufzubrechen, wenn er sich weigert."

Ich erklärte es sanft und als die Lage sich wieder beruhigt hatte, wollte ich gerade   verschwinden.
Der Beamte berührte mich an der Schulter.

„Es tut mir leid, Madame, aber ich fürchte, wir müssen auch Sie einberufen. Unsere Zeit ist begrenzt und wenn sich eine solche Szene in jedem Geschäft abspielt, werden wir für unsere Verspätung bestraft! Hier ist mein Befehl, einen Dolmetscher einzuberufen", und er steckte die Hand in die Tasche.

Ich war etwas verlegen.

„Darf ich fragen, wann Sie mich freilassen?"

„Sobald wir den Nachschub haben, den wir brauchen."

„Geben Sie mir zehn Minuten, um meine Angelegenheiten hier zu regeln?"

„Sicher. Aber denken Sie daran, Sie sind auf Bewährung!"

Draußen erklärte ich George und Leon die Situation und kritzelte eine Nachricht an Freunde in Barbizon. Ich sagte den Jungen, sie sollten herüberfahren und die anderen beruhigen – es ihnen im *Clef d'Or bequem machen* und ihnen sagen, dass ich am Abend bei ihnen sein würde.

„Was auch immer passiert, warten Sie dort, bis ich komme. Es besteht keine Gefahr,   dass   die
Deutschen Barbizon erreichen, denke ich!"

Und so kam es, dass ich von neun Uhr morgens bis in den späten Nachmittag auf der Vorderseite eines Versorgungslastwagens der britischen Armee saß, sehr zur Belustigung der anderen Tommy Atkins, denen wir in Melun und den Nachbardörfern begegneten.

Meine Offiziersfreunde fuhren mich sehr höflich ins Krankenhaus, wo ich erfuhr, dass mein armer verwundeter *Jäger* Ballandreau war in der Nacht gestorben, und als ihre Aufgabe gegen fünf Uhr beendet war, boten sie mir Tee an und schlugen vor, mich nach Barbizon zu fahren. Als wir den Hügel hinunter zum Bahnübergang holperten, wurde unsere Aufmerksamkeit von einer riesigen Ansammlung von Bürgern und Soldaten angezogen, und über dem Dröhnen unseres Motors konnten wir das Rollen einer Trommel hören. Augenblicklich herrschte Stille, und ein uniformierter Offizier in der Mitte der Gruppe las eine kurze Nachricht von einem Papier vor, das er in der Hand hielt. Was er sagte, konnten wir nicht hören, aber der verrückte Freudenschrei, der aufstieg, als er fertig war, machte uns begierig, die Neuigkeiten zu erfahren. Blitzschnell lief „Paris gerettet – die Deutschen ziehen sich zurück" von Mund zu Mund, und die wahnsinnige Aufregung, die diese Menge erfasste, war absolut unbeschreiblich. Jung und Alt, Engländer und Franzosen, Bauern und Bürger fielen einander um den Hals und umarmten sich freudig. Die schreckliche Spannung des letzten Monats war gebrochen, und das Wort Sieg wurde aus Tausenden von Kehlen ausgesprochen, die plötzlich vor Erregung heiser geworden waren.

Meine Ankunft und die Neuigkeiten, die ich überbrachte, erregten bei meinen Dienern und den übrigen Bewohnern von Millets berühmtem Dorf großes Aufsehen. Barbizon war ausgestorben – buchstäblich verlassen, denn kein einziges Mitglied dieser entzückenden Sommerkolonie war mehr da, mehrere Hotels waren geschlossen und die anderen so leer wie im tiefsten Winter. Die Besitzerin des *Clef d'Or* machte mir ein sehr verlockendes Angebot für einen *Aufenthalt* , aber ich war der Ansicht, dass wir, da der Rückzug der Deutschen bereits begonnen hatte, am besten der siegreichen Armee dicht auf den Fersen bleiben sollten, und das zu Recht, denn wenn wir warteten, bis die Ordnung wiederhergestellt war, würden Patrouillen organisiert werden und wir, die wir keine Papiere hatten, die uns auswiesen, würden nicht passieren dürfen.

Bevor ich mich zurückzog, verkündete ich meine Absicht, die Heimreise anzutreten, und die Freude, die die besorgten Gesichter erhellte, beruhigte meine eigenen Bedenken ein wenig, denn jetzt, da unser Abenteuer sicher vorüber war, konnte ich nicht anders, als mir Sorgen um die Abwesenden zu machen.

Als ich mein Bett berührte, musste ich an meine Unterkunft vom Vorabend denken und mir wurde klar, dass ich weder den Namen noch die Adresse der großzügigen Person kannte, in deren prächtigem Domizil ich so herzlich empfangen und so liebevoll umsorgt worden war. Wie und wem sollte ich danken?

Leon, Emile und ein kräftiger Metzgerjunge aus Charly , der sich den anderen auf der Straße angeschlossen hatte, hatten sich nun entschlossen, sich einschreiben zu lassen – ich konnte sie also nur in ihrem patriotischen Gefühl bestärken und ging mit ihnen zum Rekrutierungsbüro, um ihre Identität nachzuweisen.

Offenbar waren viele andere Jugendliche im wehrfähigen Alter von derselben Idee inspiriert worden, denn vor der Tür stand eine lange Schlange, und während wir dort standen und warteten, betrachteten wir mit Interesse die Pferde des englischen Kavallerieregiments, die in der Straße aufgereiht standen und auf ihre Reiter warteten. George und Leon fingerten eifrig an einer langen Seilrolle herum, die über den Sattelknauf geworfen war, als eine tiefe Stimme hinter ihnen ausrief:

„ So etwas haben Sie wohl noch nie gesehen. Das ist ein Lasso.“

Ich erklärte es, und als ich mich umdrehte, erblickte ich einen großen, schlaksigen Kerl, der die Hände in die Hüften gestemmt hatte und uns alle buchstäblich in seinen Bann zog.

„Glaubst du, du kannst ihnen sagen , was das ist, Schwester?“

„Das glaube ich.“

„Dann bist du wohl von zu Hause!“

„Wenn Sie die Staaten meinen – ja.“

„Zur Hölle mit den Staaten! Dem Staat – Texas!“

Ich hielt es nicht für nötig, das zu übersetzen. „Sag mal, du hast nicht etwa ein Rasiermesser bei dir?“, fragte er. Ich antwortete, dass ich nicht die Gewohnheit hätte, solche Dinge bei mir zu tragen.

„Das war nicht böse gemeint, aber da Sie diese Sprache sprechen, könnten Sie vielleicht eines der Kinder überreden, mir eins zu kaufen.“

Ich sagte, dass ich das für möglich halte, und mein Landsmann, der einen amerikanischen Doppeladler hervorholte, forderte Leon auf, sich zu beeilen, denn er würde dafür sorgen, dass es sich für ihn lohnt.

„Sehen Sie“, erklärte er, „ein Rasiermesser ist alles, was ich brauche, um meine Ausrüstung zu vervollständigen. Ich habe ein Winchester, zwei Revolver, ein Bowiemesser, eine Lanze und ein Lasso. Das Rasiermesser ist flach und leicht zu tragen. Könnte auch nützlich sein. Es geht nichts über eine ordentliche Bewaffnung. Wenn ich mein Fell verkaufen muss, wette ich, dass ich es teuer verkaufen werde!“

Leon kam zurück und ich wollte meinen Freund gerade bitten, uns eine kleine Demonstration seiner Geschicklichkeit mit dem Seil zu geben, als der Ruf zu den Waffen ihn zum Gehen zwang. Er forderte mich auf, Broadway seine Grüße auszurichten und ging, sehr zufrieden mit der Welt im Allgemeinen und sich selbst im Besonderen.

Aus verschiedenen Quellen, wenn auch nicht offiziell, erfuhr ich, dass die Straße bis Coulommiers frei war. Das war alles, was wir wissen wollten, und nachdem wir die Jungen nach Orleans verabschiedet hatten, machte sich eine stark dezimierte Karawane auf den Heimweg. Die Pferde waren nach zwei Tagen Ruhe ganz schwindlig, und da die Karren leicht waren, brachten sie uns mit nur wenigen Pausen auf der neuen Straße nach Norden bis nach Pezarches . Das Land, durch das wir fuhren, war zwar von seinen Bewohnern verlassen, wies aber keine Spuren einer Invasion auf. Die Deutschen waren nicht in der Lage gewesen, so weit nach Westen vorzudringen. Ich rechnete damit, Coulonimiers zum Schlafen zu bringen, aber die Nacht brach früh herein und mit ihr kam ein kühler Nieselregen, der uns auf die Suche nach einer Unterkunft schickte. Nirgendwo war eine Menschenseele zu sehen, und da alle Häuser geschlossen waren, hielt ich es für unklug, eine Tür aufzubrechen. Also zogen wir weiter bis zum Waldrand und hofften, dass der Regen bald aufhören würde.

Bald darauf entdeckte jemand eine verlassene Einsiedelei, durch deren niedrige Tür wir schlichen, unsere Decken auf dem Boden ausbreiteten und uns darauf vorbereiteten, dort eine Nacht zu verbringen – froh über den Schutz vor der Feuchtigkeit.

„Hört!", zischte George, gerade als wir einschliefen.

Wir setzten uns alle auf.

"Da! Das ist die dritte Kugel, die auf diesem Dach gelandet ist!"

„Ra-ta-pan – Ratapan !" Das Geräusch war unverkennbar – trotz des Windes und Regens, der draußen tobte.

George kroch auf den Knien auf die Öffnung zu und sprang eine Sekunde später zurück, wobei er mit einem leisen Schrei seine Hand an den Kopf schlug.

„Er ist angeschossen!", rief Julie.

Ich sprang vor, schnappte mir die Laterne, hielt sie fest und öffnete die geballten Finger des Jungen. Als sie sich voneinander lösten, fiel mit einem lauten Knall eine schwere Rosskastanienwurzel zu Boden!

Wir waren zu nervös, um die Komik der Situation zu erkennen, und hatten einige Schwierigkeiten, uns zu beruhigen und auszuruhen.

Als wir uns am nächsten Morgen Coulommiers näherten , wurden die Schrecken des Krieges immer deutlicher. Auf beiden Seiten der Straße waren die Felder mit Lorbeer und Stroh übersät. Alle zehn Schritte war die Erde verbrannt oder verkohlt, und an manchen Stellen stieg noch der Rauch erlöschender Lagerfeuer auf. Knochen, Flaschen und Konservendosen waren in außergewöhnlichen Mengen überall verstreut, und eine halbe Meile bevor wir die Stadt erreichten, lag ein totes Pferd verlassen in einem Graben.

An diesem Punkt wurden wir von einer Gruppe zerzauster Flüchtlinge begrüßt, die uns warnten, dass es sinnlos wäre, zu versuchen, Coulommiers zu betreten .

„Wir kommen aus Neuilly-St. Front und sind auf dem Weg nach Hause, aber es sieht nicht so aus, als ob wir weiterkommen. Der Ort ist in der Hand der Militärbehörden – und es besteht der Befehl, niemanden durchzulassen.“

Wir hielten an, und George ging weiter und befragte einen Wachposten. Er kam mit einer verneinenden Antwort zurück und mit der Information, dass Coulommiers nach der Plünderung in einer ziemlichen Notlage war.

La Ferte Gauche kann es nicht sein . “ Und über das fast ohrenbetäubende Dröhnen der Kanonen hinweg erzählte uns ein älterer Mann, dass seine Karawane von den Deutschen gefangen genommen und all ihrer Besitztümer beraubt und von ihren Frauen getrennt worden sei. Im Rücken bewaffneter Wachen seien sie gezwungen worden, eine Behelfsbrücke zu bauen, die die von den Franzosen gesprengte Brücke ersetzen sollte.

„Ich bin glimpflich davongekommen – mit nur ein paar Striemen von einer Rohhaut“, murmelte er, „aber mein Bruder (und er zeigte auf eine sehr kräftige, männliche Gestalt, die in eine Decke eingerollt war und reglos auf den Stufen eines verlassenen Rasthauses saß) – „mein Bruder ist fast erledigt! Er ist nämlich kurzsichtig und nicht an körperliche Arbeit gewöhnt, und jedes Mal, wenn er mit dem Hammer einen Nagel verfehlte, stieß ihm der deutsche Feigling mit der Spitze seines Bajonetts in die Rippen. Zweiundsiebzig Wunden!“

„Und deine Frauen?“

„Gott weiß, was sie ihnen angetan haben! Meine Frau hat nicht aufgehört zu schluchzen, seit wir uns kennengelernt haben. Sie ist benommen – ich kann sie nicht zum Reden bringen.“

Während er, froh über das Mitgefühl seiner Kameraden, seine belanglose Geschichte weiterredete, erspähte ich eine Reihe britischer Versorgungskarren, die die Straße heraufkamen. Der Anführer hielt an, und der Fahrer stieg aus und fuhr in das erste der verlassenen Häuser, vor denen wir standen. Kurz darauf tauchte er wieder auf.

„So ein Pech!, sage ich" (und das war mit einem irgendwie ausdruckslosen, hoffnungslosen Gesichtsausdruck an unsere Gruppe gerichtet) „Ich nehme an, keiner von euch Franzosen weiß, wo ich eine Tasse Tee herbekommen könnte!"

Zu seiner großen Überraschung lachte ich lauthals.

„Hier in der Gegend nirgendwo, es sei denn, Sie sind bereit zu warten, bis ich genug Feuer gemacht habe, um Ihnen eins zu machen!"

Der Mann wurde dunkelrot.

„Ah – ich konnte nicht denken –"

"Kein Problem. Lassen Sie einen Ihrer Männer ein Feuer machen, und, Prahlerei beiseite , ich werde Ihnen eine Tasse Tee kochen, wie Sie sie seit Ihrer Abreise aus England nicht mehr getrunken haben."

Gesagt, getan, und eine Viertelstunde später schlürften ein halbes Dutzend Tommy Atkins heiße Kardomah mit Zucker und Kondensmilch aus Blechbechern.

„Sie haben ganz sicher recht – die Franzosen wissen nicht, wie man das macht, zumindest nicht in diesen Gegenden. Ich habe gestern Morgen eine Teekanne voll getrunken , die einer Mischung aus gedünsteten Kräutern und Hunyadi-Wasser so nahe kam, wie ich sie mir je erhofft hatte. Und nun, können wir nicht etwas für Sie tun?"

„Sagen Sie mir, wohin Sie reisen?"

Der Mann holte ein Notizbuch hervor und zeigte auf einen Namen.

„La Ferté -sous- Jouarre ?"

„Ja, das ist es. Ich würde mich nicht trauen, es anzupacken."

„Ist die Straße frei? Können wir dorthin fahren? Es sind nur fünfzehn Kilometer von meinem Zuhause."

„Ich weiß nicht, ob sie dich durchlassen – aber wenn du schlau bist und mit deiner Rotkreuz-Armbinde dicht hinter uns gehst, besteht zumindest eine Chance – das ist alles."

Ich brauchte keine zweite Aufforderung und nachdem ich meine Leute gewarnt hatte, nicht zu reden, wenn wir auf Wachposten stoßen, sondern mir zu vertrauen, marschierten wir weiter. Unsere Armeefreunde mit den besseren Pferden ließen uns bald hinter uns, aber unerschrocken marschierten wir weiter und erreichten schließlich die Anhöhen, die La Ferte überragten – und in das Dorf Jouarre führten , das an der Seite des Hügels thront, der zur Marne hin verläuft.

Oh, was für ein erbärmlicher Anblick bot sich uns, als wir uns unseren Weg entlang dieser herrlichen Straßen bahnten, die jetzt voller Furchen und knietief im Schlamm steckten! Soweit das Auge reichte, hatte das ganze Land dem Eindringling als riesiges Lager gedient, und als er zur Flucht gezwungen wurde, hatte er alles in seiner Reichweite geplündert und zerstört. Die wunderbaren fruchtbaren Felder waren beschmutzt und verunreinigt, und neben anderen vernichtenden Beweisen ihrer Wut standen die rauchenden Ruinen jedes Bauernhauses wie Gespenster im strahlenden Sonnenschein.

Am Eingang zu La Ferte wurde unsere Straße von zwei Wachposten versperrt, dem Anschein nach ältere Bauern. Ich stellte mich still und klopfte auf mein Rotes Kreuz-Armband.

„ Nein , das ist nicht dein Ernst ! “

Ich winkte ihnen zu und kramte in meinen Papieren nach meinem *Personalausweis* . Sie näherten sich dem Wagen, doch als sie das taten, stieß meine treue Betsy ein wütendes Knurren aus.

„Runter!“, befahl ich auf Englisch. „Runter! Das sage ich! Sie werden mir nichts tun!“

Diese Sätze wurden mir zum Verhängnis!

„Oh, ho!“ sagten meine Gesprächspartner. „Und danach glauben Sie, Sie kommen an uns vorbei? Wir haben hier genug Boches gehabt. Sie können hereinkommen – aber unter uns!“

Und einer sprang zu beiden Seiten von mir auf, nahm die Zügel und ging vorwärts. Für einen Spion gehalten zu werden, war ein völlig neues und sehr unangenehmes Gefühl.

„Aber, meine Herren“, protestierte ich ruhig, „ich bin hier bekannt. Wenn noch ein Einwohner hier ist, werde ich sofort identifiziert. Wie grün werden Sie sich vorkommen, wenn Sie mich vor einen Offizier schleppen und feststellen, dass Sie sich geirrt haben!“

Sie waren unerbittlich.

Ich habe meinen Personalausweis vorgelegt.

Nein, sie hatten mich in einer Fremdsprache sprechen hören und für sie waren alle Fremdsprachen Deutsch!

Und so betraten wir La Ferte .

Türen und Fenster existierten nicht mehr – Erstere waren von Gewehrkolben in Splitter zerschossen worden, während Letztere zu Pulver zertrümmert waren und aus ihren Öffnungen Bettwäsche, persönliche Schmuckstücke und Haushaltsgegenstände in Fetzen und Lumpen baumelten – alles absichtlich mit Schlamm und Schmutz beschmutzt.

Es war sinnlos, zu versuchen, unseren Wagen die Hauptstraße hinaufzufahren, also riefen meine Gefolgsleute einen vorbeikommenden Kameraden und baten ihn, mein Pferd zu halten, bis sie nach einem *fait leur* zurückkamen. *affaire* , wie sie es ausdrückten.

Die Glasfenster aller Geschäfte lagen in tausenden Stücken unter ihren Schiebefenstern, und der gesamte Warenbestand, ob Möbel oder Textilien, Lebensmittel oder Milchprodukte, war durch sie hindurch in die Mitte der Durchgangsstraße geschleudert worden. Darüber lagen kreuz und quer Bettzeug und Stühle, Schränke und Waschbecken, alles zersplittert und zerbrochen – das Ganze bildete das erbärmlichste Konglomerat, das ich je zu sehen hoffe. Eine mutige Händlerin war bereits dabei, die großen gähnenden Hohlräume, die einst Schaufenster gewesen waren, zu vernageln, und hier und da lugte ein verängstigtes Frauengesicht hinter den Ruinen ihres Geschäfts hervor.

„Madame Huard!" rief eine vertraute Stimme hinter mir. „ *Mon Dieu* – du!"

Ich drehte mich um und erkannte die Frau meines Konditors.

" *Ja , ich bin zurück* . "

"Verhaftet!"

„Ja, es sei denn, Sie wären so freundlich, diesen Herren mitzuteilen, wer ich bin?"

„ *Das ist doch möglich! Das ist doch möglich!* Aber natürlich kenne ich Sie – wie können sie es wagen !"

„Sehen Sie", sagte ich und wandte mich an die *Hilfskräfte* .

Aber sie waren unnachgiebig und forderten meine Freundin auf, uns zu folgen, wenn sie meine Identität beschwören könne. Sie gehorchte, aber unsere Gruppe hatte die Aufmerksamkeit zweier kleiner Jungen erregt, die wie Ratten aus einem Keller aus einer Gasse hervorgestürzt kamen und riefen: „ *L'espionne – l'espionne !* "

Zum Glück trafen wir in diesem Augenblick auf einen Beamten, den ich aus einiger Entfernung ansprach, ihm meinen Fall erklärte und meine Karte und meinen Konditor vorlegte. Er verstand sofort und entließ meine Wächter eilig.

„Ich kann sie nicht schelten. Sie sind übereifrig , aber wir wurden die ganze Zeit über so schrecklich betrogen. Sie verstehen das sicher. Bitte nehmen Sie meine Entschuldigung an, Madame!“

Ich verbeugte mich und er ging. Dann wandte ich mich meinem Freund zu.

„Sie haben die Neuigkeiten gehört, nehme ich an, Madame?“

"Nicht, was?"

Sie wurde plötzlich weiß.

„Schnell – raus damit, Weib!“

Sie zögerte.

„Ist H.—?“

„ *Nein* , das nicht, Madame, aber vor einer Viertelstunde hat man gehört, dass der Feind sich noch immer zurückzieht und dass wir sein Hauptquartier, das Chateau de Villiers, bombardieren.“

Ich wurde ganz blass. Die Frau sah es und packte mich am Arm. „Komm, komm“, sagte sie. „Du bist müde. Vielleicht stimmt es nicht, es wurden so viele Fehlalarme ausgelöst. Komm und trink eine Tasse Kaffee. Entschuldige unser Hinterzimmer. Das ist alles, was uns noch bleibt.“

Ich folgte ihr gerne und bahnte mir meinen Weg durch eine der einst verlockendsten Konditoreien der Provinz, während die gute Seele sich die ganze Zeit entschuldigte, als sei sie für den Schaden verantwortlich. Während sie weiterplapperte, fielen mir, obwohl mir selbst der Kopf schwirrte, hin und wieder Ausdrücke wie „drei Tage Plünderung, zwei Tage Bombardierung“ ein. Als sie mir eine Tasse Kaffee reichte, erklärte sie, dass die Eindringlinge sich nicht damit zufrieden gegeben hätten, sich alle persönlichen Gegenstände, die ihnen gefielen, gewaltsam anzueignen, sondern dass sie, nachdem sie den ganzen Wein in den Kellern getrunken hatten, die Mehlsäcke mutwillig aufgeschnitten und kreuz und quer durch die Gegend geworfen hätten.

„Und, Madame, sie haben sich an meinen Eiervorrat gewagt – fünftausend Stück –“, weinte sie, „fünftausend! Mein ganzer Wintervorrat. Es hätte mir nichts ausgemacht, wenn sie sie aufgefressen hätten, aber ich hätte sie absichtlich zerquetscht und vernichtet gesehen. Zwei dieser Schurken haben einen halben Tag damit verbracht, sie in ihren Helmen aus dem Keller zu holen, und dann haben sie mich zerfetzt und sie gegen die Wände und Fenster geschleudert , während sie sich wild über mein Leid freuten!“

Ich konnte nicht drinnen bleiben – ich hatte nur einen Gedanken: nach Villiers zu gehen oder jemanden zu treffen, der mit Sicherheit wusste, was dort passiert war.

Wieder durchquerte ich den Laden und paddelte durch den klebrigen gelben Schlamm, in dem Möbelstücke und Kleidungsstücke wie Croutons in einem riesigen, ekelerregenden Omelett schwammen.

Draußen, am Ende der Straße, die zum Kai führte, herrschte reges Treiben. Ein Signalhorn ertönte, und ich konnte das Trampeln von Soldaten hören.

,

rief mein Freund. „Schau, das ist alles, was vom Institut St. Joseph, dem Stolz von La Ferté, übrig geblieben ist ."

Auf der anderen Seite des Flusses, zwischen den zerbrochenen Brückenfeldern, fiel mein Blick auf die ausgebrannten Überreste eines einstmals exquisiten Stücks Architektur des 18. Jahrhunderts. Das Herrenhaus, das Ludwig XVI. und Marie Antoinette bei ihrer ereignisreichen Rückkehr aus Varennes Unterschlupf gewährt hatte, war nun ein rauchender Aschehaufen!

„Und wir mussten es tun! Oh, verdammt seien sie!", murmelte ein älterer Mann neben mir.

"Wir?"

"Ja."

"?"

„Als sie hier raus mussten, überquerten sie die Marne, zerstörten die Brücke und verschanzten sich in den Häusern am Ufer. Die Engländer haben sie gefangen wie Ratten im Käfig, aber zu welchem Preis! Einer, der rübergerudert ist, sagt, er kann ihr Gejammer ertragen, aber darauf können Sie wetten, dass sie dort verrotten können, bevor wir zu ihnen kommen . Ich bitte um Verzeihung für die Ausdrucksweise!"

Ein Dutzend Männer des *Geistes* waren damit beschäftigt, einen provisorischen Bogen zwischen zwei Brückenfeldern zu errichten, und kaum war ein Brett darauf gelegt, marschierte ein Regiment aus Cherbourg (fast nur Reservisten) nacheinander ein. Die Bevölkerung spendete ihnen Beifall, und es war ein seltsamer Anblick, diese von Sorgen gezeichneten, hageren Menschen vor Freude einfach verrückt werden zu sehen, während um sie herum nur Trostlosigkeit herrschte.

„Ich hoffe, Sie sind nicht wegen Ihres Teeservice gekommen, Madame?"

Ich drehte mich um und erkannte meinen Porzellanhändler, der zynisch lächelte und auf sein Geschäft deutete.

„Heutzutage lohnt es sich nicht mehr, Glashändler zu sein. Es brauchte nur zwei Granaten, um zwanzig Jahreseinkommen in Stücke zu reißen! Im ganzen Laden gibt es nicht einen ganzen Kelch oder Teller! Aber es wäre mir egal gewesen, wenn sie die Frauen nicht misshandelt hätten. Ich –"

„Kommt und seht!", rief ein anderer. „Durants Haus ist eingestürzt und seine Frau und seine Familie ersticken im Keller. Schnell!"

Es herrschte ein allgemeiner Andrang in diese Richtung, aber ich drängte weiter in Richtung Brücke. Es war offensichtlich, dass meine Karren nicht hinüberkamen, aber es bestand noch Hoffnung, dass sie George und mich mit unseren Fahrrädern durchließen.

Ich sprach den Wachposten an, der neben einem Auto Wache hielt, das am Straßenrand stand, verdreht und verzerrt wie ein Blechspielzeug, auf das man getreten ist.

Nein, die Brücke war nur für die Armee.

Ich bestand darauf.

Ein Offizier kam mir zu Hilfe, konnte jedoch nur die Befehle des Wachpostens bestätigen.

„Auch hier ist man nicht sicher. Dies ist die Schusslinie. Wir wissen noch nicht genau, ob wir das gewonnene Gelände halten können. Villiers? Immer noch in den Händen der Deutschen."

Ich seufzte und wollte mich gerade abwenden. „Wo ist dann die nächste Brücke?"

" Meaux ."

„Aber das ist doch dreißig Kilometer westlich! Ich bin hier nur fünfzehn von zu Hause entfernt!"

„Ich wünschte, ich könnte Ihnen helfen, aber es hat keinen Sinn, von hier wegzugehen, wenn Sie nicht diesen Weg nehmen."

Dann musste es nach Meaux gehen, und obwohl sich unsere Reise dadurch erheblich verlängerte, war alles besser als Untätigkeit.

VIII

Nur sehr widerwillig kehrten wir La Ferte am nächsten Morgen den Rücken und ritten mit unseren Pferden Richtung Westen.

Natürlich war die Vorfahrt der Armee vorbehalten, und die Straßen entlang der Marne waren nun von Soldaten, Kanonen, Krankenwagen und Versorgungswagen gesäumt, die an die Front eilten. Nachdem wir nicht weniger als 20 Mal umgeleitet und angehalten worden waren, erreichten wir schließlich Trilport , wo die Invasoren nur geringen materiellen Schaden angerichtet hatten. Die verängstigte Zivilbevölkerung jubelte sogar, denn zwei Nächte zuvor war ein Automobil mit vier deutschen Offizieren durch die Stadt in Richtung Paris gerast und in den Fluss gestürzt, ohne zu wissen, dass die Engländer die Brücke zerstört hatten. Die Angelegenheit schien als großer Scherz betrachtet zu werden, und die Hauptbelustigung bestand nun darin, über der kaputten Seite zu hängen und das grausige Schauspiel eines halb untergetauchten Motors und vier lebloser menschlicher Körper zu betrachten, die auf einigen Felsen lagen und dank Hitze und Strömung schnell anschwollen.

„Wenn wir sicher sind, dass sie endgültig tot sind, werden wir sie begraben ", erklärte ein Mann, den ich befragte.

Während ich diese Worte schreibe, nachdem inzwischen mehr als ein Jahr vergangen ist, erscheinen sie mir grausam und herzlos, aber im Moment und nach allem, was jeder Einzelne ertragen hatte, war es einfach nur Gerechtigkeit.

Obwohl rasch Lastkähne in Position gebracht wurden, um eine Behelfsbrücke zu bilden, hatte ich das Gefühl, dass wir noch gut zwei Tage brauchen würden, bis wir hinüberkämen. Also folgten wir dem Lauf des Flusses, schlängelten uns hin und her, diesmal durch friedliche Gegend, bis wir Meaux erreichten .

Mein Herz hüpfte vor Freude, als ich beim Näherkommen sah, dass die Kathedrale unversehrt wie ein Wächter über der friedlichen kleinen Stadt stand.

Die Deutschen hatten sich hier nur kurz aufgehalten, lediglich einen *Zwischenstopp* und *einen Ausfall* eingelegt, und waren von Bischof Marbeau auf eine Art und Weise empfangen worden, die vermutlich in die Geschichte eingehen und seinen Namen neben den seines berühmten Vorgängers Bossuet stellen wird.

Ein oder zwei verirrte Granaten waren in den Ort eingeschlagen, aber der angerichtete Schaden war unbedeutend. Der malerischste und melancholischste Anblick bot sich entlang des Flussufers, wo die Franzosen, um den Ansturm des Feindes abzuwehren, diese alten Brücken, Wahrzeichen des 15. und 16. Jahrhunderts, sprengen mussten, denn wie die Ponte Vecchio in Florenz waren sie von Häusern und Mühlen gesäumt, deren spitze Dächer und sichtbare Balken fast 500 Jahre überdauert hatten! So seltsam es auch erscheinen mag, sie waren es, die am meisten Widerstand leisteten, und obwohl das Dynamit ihre Verbindung zum Land gekappt und ihre blassblauen Fensterscheiben zertrümmert hatte, war kein einziges Haus eingestürzt, und als sie in der untergehenden Glut der Sonne standen, schienen sie zu sagen: „Berühr mich, wenn du dich traust!“

Waschboote , Ruderboote, Lastkähne und alle anderen verfügbaren Navigationsmittel waren gesunken oder außer Funktion gesetzt worden, und obwohl der Feind kaum zehn Meilen entfernt war, waren Männer und Frauen eifrig damit beschäftigt, sie wieder flott zu machen.

Wieder einmal konnten wir nichts anderes tun, als dazustehen und auf das gegenüberliegende Ufer zu blicken, und nachdem wir uns vergewissert hatten, dass es keine Möglichkeit zum Überqueren gab, brachen wir eilig nach Lagny auf .

In dieser Nacht schliefen wir in einem Schuppen, den uns eine einsame Bäuerin gastfreundlich anbot, und am nächsten Morgen überquerten wir triumphierend den Fluss und machten uns auf den Heimweg.

Wir bogen nach Norden ins offene Land ab und wählten alle Nebenstraßen und Abkürzungen, die unsere Karren passieren konnten, um den langen Strömen von Krankenwagen und Munitionswagen auszuweichen und in der Hoffnung, bessere Durchgangswege zu finden. In der Nacht zuvor hatte es nieselt und die Straßen, die bis dahin mit einer dicken Staubschicht bedeckt waren, waren rutschig und unbequem. Straßen, die bisher selten betreten worden waren, waren voller Furchen und Unebenheiten, und von Langy bis Villiers gab es kaum eine Ecke, die nicht Anzeichen der Durchquerung der Eindringlinge aufwies. Über diese grünen und fruchtbaren Felder, deren Ernten stolz über die schöne Marne schwenkten, waren Stroh und leere Flaschen in unvorstellbaren Mengen verstreut. Tausende geschwärzte oder verkohlte Stellen, die die Landschaft übersäten, zeugten von Lagerfeuern und hastigen Biwaks, und als wir schweigend weiter nach Charny stapften , begegneten unserem traurigen Blick die zunehmenden Beweise der jüngsten Schlacht.

Hier war eine Granate auf der Straße explodiert, mitten in einer Fahrradstaffel, und hatte Menschen und Maschinen in alle Winde des Himmels verstreut. Ein kleiner Hügel, ein grob gehauenes Kreuz, markierte die Stelle, wo etwa sechzig Soldaten ihren letzten friedlichen Schlaf fanden, während das *Durcheinander* aus Draht und Eisen, die einst Maschinen gewesen waren, sowie blutbefleckte Kleidungsstücke, Granatsplitter und sogar menschliches Fleisch ein grausiges und unbeschreibliches Bild boten.

Souvenirs? Der Gedanke kam mir nie in den Sinn. Und meine Kodak , die ich so gerne zur Erinnerung an verschiedene Ereignisse verwendet hatte, schien ein vulgäres, neugieriges Instrument zu sein und blieb unbeachtet auf dem Boden des Wagens liegen. Jeder Schritt brachte uns mit den Schrecken des Krieges ins Angesicht. In Richtung Villeroy gaben uns mehrere ramponierte Pariser Taxis den ersten Hinweis auf General Gallienis geschicktes Manöver, das zur Rettung der Hauptstadt beitrug - und dann trug uns der Wind einen ekelerregenden Geruch entgegen, der uns den Appetit lähmte und uns verbissen weitertrieb: den Gestank des Schlachtfelds.

Die Mädchen im Karren rückten zitternd näher zusammen, obwohl die Luft warm und schwül war. Sogar der alte Cesar schien die Ehrfurcht dieses Tals des Schattens zu spüren, und niemand murrte, als wir an den ersten aufgeblähten Kadavern toter Pferde vorbeikamen und auf diesen weitaus schrecklicheren Anblick stießen – menschliche Körper – aufgedunsen, auf die doppelte Größe angeschwollen, lagen da, als hätte der Tod sie getroffen, einige in Stapeln, andere weiter auseinander – alle nicht wiederzuerkennen, aber einst die Lieblinge stolzer Mütter. Ich glaube, sie waren unsere Feinde. Ich blieb nicht stehen, um nachzusehen; die Fliegen störten uns so schrecklich, und lange, niedrige Hügel mit roten Käppis darauf zeugten von den Gräbern der Verteidiger Frankreichs. Weit vorn konnte ich Gruppen von Männern mit Schaufeln entdecken, die hastig die Überlebenden begruben. Rechts stieg widerstrebend eine träge Säule aus dichtem Rauch in die schwere Luft. Ich bildete mir ein, sie käme von einem Scheiterhaufen; wir rochen jedenfalls Teer und Benzin. Der Boden unter ihnen bebte vom Donnern der entfernten Kanonen, und als ein Schlag immer lauter wurde, erhob sich ein Schwarm pechschwarzer Krähen gen Himmel und krächzte traurig in der Dämmerung.

So gingen wir weiter, eine stille, fußschmerzende, regendurchweichte Gemeinde. Mit der zunehmenden Entfernung der drohenden Gefahr kam die Reaktion von allen, durch die wir gekommen waren, und tief in unseren Herzen begrüßten wir die Idee, ein Dorf zu betreten.

Ein Dorf! Ach! Als wir die Straße erreichten, die nach Barcy führte , rissen die Wolken auf, und ein langer goldener Strahl schoss durch eine gewaltige Lücke im Kirchturm, flackerte einen Moment auf einer Gruppe dachloser Häuser und war verschwunden. Die Nacht brach herein.

Unsere Stimmung sank. Yvonne begann vor Schmerzen zu stöhnen, ihr Ischias war mit der Feuchtigkeit zurückgekehrt, und Nini begann aus irgendeinem unbekannten Grund zu schluchzen, als würde ihr das Herz brechen. Ich sah den Moment nicht mehr weit entfernt, in dem unsere ganze

Gruppe von Angst ergriffen und in Panik geraten würde, und diese Vorstellung, zusammen mit der Vorstellung, auf den durchweichten Feldern zu zelten, umgeben von grauenhaftem Tod, war alles andere als beruhigend.

„Komm schon", drängte ich. „ Barcy ist doch sicher nicht völlig verlassen."

Was für ein Schlamm! Was für eine Straße – manchmal völlig ausgebrannt, manchmal so mit Benzinkanistern, Radnaben und Eisenstücken versperrt, dass ich Cesar am Zügel führen musste, während die anderen vorangingen und einen Weg frei machten. Sie kamen nur wie Schnecken voran, denn in unserer Laterne war nur noch wenig Öl, und sie zögerten, den Unrat in den Graben zu werfen, aus Angst, das Grab eines unbekannten Helden zu entweihen.

Und so kamen wir stolpernd und zögernd in Barcy an . Als wir an der verfallenen Kirche vorbeigingen, sahen wir die riesige Bronzeglocke inmitten eines Balkenstapels am Fuße des Glockenturms liegen. Der *Turm* des Glockenturms befand sich auf halbem Weg zwischen den Ruinen des Gebäudes selbst und denen des ehemaligen Rathauses. Nirgendwo war eine Menschenseele zu sehen. Bleib – ja – vor uns stand eine männliche Gestalt.

Ich rief "Monsieur!"

Er hielt einen Augenblick inne. Dann schüttelte er den Kopf und schlich davon.

Durch eine Öltapete, die die Scheiben eines zerbrochenen Fensters in einem Haus ersetzt hatte, das kein zweites Stockwerk mehr hatte, sah ich ein flackerndes Licht. Ich klopfte mutig an die Tür.

„ *Qui est la? –*", fragte eine hohe, zitternde Frauenstimme.

„Ich, Madame H. von Villiers."

„Ich kenne dich nicht – geh deinen Weg."

"Aber wir sind Flüchtlinge."

„Ich habe nichts mehr. *Allez-vous-en !* "

Das war, gelinde gesagt, kategorisch. Also gingen wir weiter, vorbei an den verkohlten Ruinen einst glücklicher Heime.

Als wir um eine Ecke bogen, warf unsere Laterne einen schwachen Schein auf die heruntergelassenen Fensterläden eines halb eingestürzten Gebäudes.

„Bleiben Sie einen Moment stehen", sagte Julie. „Auf diesen Jalousien steht etwas geschrieben."

Ich näherte mich, hielt das Licht so nah wie möglich heran und las das folgende Schild, das in großen weißen Kreidebuchstaben geschrieben war:

„Achtung. Kein Herumlungern. Plünderer werden auf der Stelle erschossen!"

Das war der Tropfen, der das Fass zum Überlaufen brachte, und obwohl die Warnung offensichtlich an die Truppen gerichtet war, die inzwischen meilenweit entfernt waren, trieb sie uns mit unheimlicher Geschwindigkeit vorwärts.

Unser Vormarsch war jedoch nur von kurzer Dauer, denn bald wurde klar, dass unsere Pferde erschöpft waren. Doch wohin wir gehen sollten, wurde zu einer quälenden Frage, denn obwohl wir uns noch innerhalb der Dorfgrenzen befanden, war kein Dach zu sehen. Es schien nur eines zu tun zu geben, und so hielt ich an, tastete auf dem Boden des Karrens herum und holte eine Handvoll trockenes Stroh und meine kostbare Flasche Brandy hervor. Dank diesen Dingen, einem Streichholz und einer schützenden Wand gelang es, eine Flamme aufzulodern, und von irgendwo in der Nähe holte Julie ein Bündel Reisig und einen alten Besen.

Mit der Hitze stieg unsere Stimmung. Die Mädchen trockneten sich so gut sie konnten vor dem willkommenen Feuer ab, und obwohl wir noch immer von unserer Umgebung beeindruckt waren, knabberten wir an einer Kruste trockenen Brots und etwas altbackenem Käse.

Dann krochen Nini und Yvonne leise zurück in den Wagen, deckten sich mit Heu und einer Decke zu, spannten einen Schirm über ihren Perlen auf und schliefen bald fest. Die anderen baten mich, ihr Bett unter dem Wagen zu teilen, aber gequält von dem Gedanken, was aus H. geworden war, gequält von der Angst vor der Zukunft, konnte ich mich nicht zur Ruhe begeben, und die ersten grauen Streifen dieser kühlen Septemberdämmerung fanden mich auf einem Stein sitzend, in die glühende Asche unseres Wachfeuers starrend.

Wieder drehte der Wind in unsere Richtung und brachte denselben widerlichen Geruch mit sich. Ich fröstelte und riss mich zusammen. Nachdem ich meine Straßenkarte sorgfältig studiert hatte, kam ich zu dem Schluss, dass es eine Chance gab, Villiers vor Einbruch der Dunkelheit zu erreichen, aber nur, wenn wir sofort losfuhren. Dieses Leben in der Schwebe begann mir auf die Nerven zu gehen, und alles, selbst die Gewissheit eines gefürchteten Unglücks, wäre eine Erleichterung gewesen. Nach dem Zustand, in dem wir Barcy vorgefunden hatten , bestand kaum ein Zweifel daran, dass unser Teil des Landes genauso behandelt worden war. Vielleicht war er noch immer in den Händen der Deutschen; wir konnten das Gegenteil nicht wissen.

Ich weckte die Diener und teilte ihnen meine Absicht mit, und wenige Augenblicke später kochte eine Kanne Kaffee auf dem Dreibein. Trotz der frühen Stunde zögerte ich nicht, in jede Tasse etwas Brandy zu geben, denn nach vierundzwanzig Stunden Dauerregen war ein Stimulans nicht nur notwendig, sondern auch willkommen. Ich versuchte, die Hunde dazu zu überreden, etwas zu nehmen, sie wirkten so nass und elend, aber sie lehnten mein Angebot ab und standen da und sahen mich mit äußerst mitleiderregenden und traurigen Augen an.

Kurz darauf verschwand Tiger hinter der Mauer, und eine Sekunde später hörten wir ein leises Knurren. Mit kindlicher Kühnheit sprang Nini auf, um zu sehen, was der Grund für seine Aufregung war, und dann hörte ich sie fast augenblicklich keuchen: „ *Un mort!* "

Das brachte uns auf die Beine und ich war mit einem Satz zur Stelle, gerade rechtzeitig, um zu sehen, wie sie sich furchtlos dem ausgestreckten Körper eines deutschen Soldaten näherte, dessen obere Extremität unter dem Deckel eines Blechwaschkessels verborgen war. Das Kind hob den Deckel, erblickte wie wir einen kopflosen menschlichen Rumpf und fiel in Ohnmacht.

Wir waren schon weit unterwegs, als sie zur Besinnung kam, und es gab Momente, in denen ich mir fast wünschte, sie möge inaktiv bleiben, bis wir die grausige Ebene hinter uns gelassen hätten, die sich zwischen Barcy und Vareddes erstreckt und heute ein historisches Schlachtfeld ist.

Welch ein unheimlicher und wunderbarer Anblick bot sich an diesem düsteren Septembermorgen. Hinter uns Barcy , dessen Gebäude entweder geköpft oder so verfallen war, dass es wie ein riesiges Sieb aussah. Um uns herum und auf allen Seiten Felder, die von Kugeln und Granaten ziemlich umgepflügt waren, und alle fünfzig Meter erhob sich, so schien es mir, ein frisch bedeckter Hügel, so weit das Auge reichte. Auf diesen frisch ausgehobenen Gräbern lagen Hunderte von roten Soldatenmützen, und hier und da stand ein hastig gehauenes Holzkreuz mit Inschriften wie diesen, die mit Bleistift auf eine glatte, mit einem Klappmesser geschnitzte Fläche gekritzelt waren:

Für die Tapferen von 248

Wurde ein Offizier gefunden und identifiziert, begrub man ihn allein und schrieb seinen Namen sorgfältig auf das Kreuz. Häufiger jedoch sahen wir Gräber mit der Aufschrift:

- Hier Vertreter zwei Beamte und Quarantäne für Männer vom 28. … ieme._

Manchmal befand sich das Grab im Graben (um sich das Graben zu sparen) und einmal sahen wir, wie die Pariser *Pompiers* einige deutsche Leichen in demselben Graben begruben, den sie selbst gegraben hatten und in dem sie gestorben waren.

Über den Köpfen schwangen verhedderte Stromleitungen gefährlich nahe der Straße hin und her, die Masten waren zersplittert oder umgestürzt und in der Ferne ließen die Stümpfe einer einst majestätischen Pappelreihe den Horizont wie ein grinsendes, zahnloses Gesicht aussehen.

Immer wieder mussten wir die Straße verlassen, um Unfälle zu vermeiden, indem wir über nicht explodierte Granaten fuhren, und ich werde nie eine riesige Eiche vergessen, die zwar noch stand, aber von einer Granate des Kalibers 77, die intakt im klaffenden Stamm steckte, entzweigespalten worden war; der Riss war durch den Aufprall und nicht durch die Explosion entstanden.

Je weiter wir vordrangen, desto deutlicher wurden die Zeichen der jüngsten Auseinandersetzungen. Heuhaufen schienen ein beliebtes Ziel und ein beliebter Unterschlupf gewesen zu sein. Einer, den wir sahen, war fast vollständig durchtunnelt, und die blutbespritzten Seiten der Öffnung verrieten, dass der Insasse wie in einer Falle gefangen war. Um diese Haufen herum lagen verstreut die Überreste alter Stiefel und Schuhe, scharlachrote, blutgetränkte Lumpen, trockene Bohnen, Seifenstücke, Spielkarten und Lieder. Oh, unbeschwerte Söhne Frankreichs, man kann wahrlich sagen, dass der Tod keine Schrecken für euch bereithielt, denn von Barcy bis Soissons war der Boden, den ihr liebtet und so tapfer verteidigtet, weiß übersät mit Hunderttausenden zarter Lieder und *Chansons de Route* .

Von Vareddes aus reisten wir weiter nach Congis . Die einzige lebende Seele, die wir dort trafen, war ein kleiner, alter, weißhaariger Gemeindepfarrer, der es sich zur Aufgabe gemacht hatte, jedes neu angelegte Grab zu segnen.

„Wenn dieser Regen anhält, werden einige von ihnen in vierzehn Tagen so ausgelöscht sein, dass wir sie nie wieder finden werden. Sehen Sie – dieses Kreuz besteht nur aus zwei Strohhalmen, die mit einem Schnürsenkel zusammengebunden sind!"

Und er hielt das zerbrechliche Ornament hoch, damit ich es mir ansehen konnte.

„Diese sind haltbarer", und er zeigte eine weitere Reliquie aus einer Bajonettscheide, mit gekreuzten Kanten auf der Klinge!

„Und Sie – Monsieur le Cure – sind Sie hier?"

„Ach, hätte Gott mich an Stelle unserer Jungen mitgenommen! Sieben von ihnen, Madame, wurden als Geiseln verschleppt. Ich war zu alt, um noch von Nutzen zu sein!"

„Und die Frauen?"

Der arme kleine Mann hat seine Perle aufgehängt.

" Es wäre besser, sie wären gestorben!"

Ich verstand und schauderte.

„Gott schütze dich, meine Tochter, und höre nie auf, ihm dafür zu danken, dass er dich bewahrt hat!"

Wieder gingen wir unseren Weg.

Lizy -sur- Ourq , das wir am späten Vormittag erreichten, bot einen lebhafteren, wenn auch kaum erfreulicheren Anblick. Auf den Gleisen vor dem Bahnhof waren Dutzende von Flachwagen und Güterzügen absichtlich zusammengefahren. Einige waren ineinandergeschoben, andere hoch übereinander gestapelt, ihre Lokomotiven und ihr Inhalt waren zertrümmert und beschädigt – die ganze Szene bot den Anblick eines gigantischen Eisenbahnwracks.

Auf den Stufen des Bahnhofs saßen drei Soldaten mit Gewehren in der Hand und spielten Karten. Auf der anderen Straßenseite stand ein Wachposten vor einer großen Tür, über der eine Flagge des Roten Kreuzes wehte.

„Was ist da drin?", fragte ich.

"Gefangene und Verwundete."

„Kann ich Ihnen irgendwie behilflich sein?"

„Kaum, nur Fleischwunden."

Ich spähte in den Hof.

In einer Ecke lagen auf dem Boden ein Dutzend ungepflegter, unrasierter Männer, die ich an ihren Uniformen als Deutsche erkannte. Ein Mann warf mir einen frechen Blick zu und drehte mir den Rücken zu. Zwei andere lächelten und deuteten auf das Brot, das sie in den Händen hielten. Auf Stroh lagen auf ein paar Karren fünf oder sechs Menschen, die Arme in Schlingen, die Köpfe bandagiert.

„Nichts Ernstes", erklärte ein Sergeant. „Wir warten darauf, dass unsere Männer die Gleise freimachen und der *Geist* eine Brücke über den Kanal baut. Dann werden wir sie evakuieren."

Er war weder traurig noch triumphierend.

„Warst du im Kampf?"

"Eher!"

„Wie ist Ihr Regiment abgeschnitten?"

„Wir sind alle, die noch übrig sind – vierundvierzig", und er deutete auf die Station, wo die Arbeiten rasch voranschritten.

Von ihnen besorgte ich etwas *Sengfleisch* oder Armeerindfleisch, und wir machten eine Stunde Halt, um die Pferde auszuruhen und unser Mittagessen einzunehmen. Wir erreichten allmählich vertrautes Gebiet, und der Gedanke, nach Hause zu kommen, brachte neues Leben in unsere müden Glieder und ließ jeden Moment der Verzögerung nutzlos lang erscheinen.

Von Lizy aus hatten wir eine gerade Straße und kamen schnell voran. Die deprimierenden Zeichen der Schlacht wurden immer weniger. Es war offensichtlich, dass der Ansturm nach Nordwesten erfolgt war, denn während wir auf zahlreiche Beweise für den Durchzug der Armeen stießen, begannen Gräber und Granaten, Schützengräben und Leichen allmählich zu verschwinden. In Cocherel jedoch hatte der Feind ein Lebensmittelgeschäft niedergebrannt, als er nicht finden konnte, was er suchte. Die wenigen Männer, die noch übrig waren, hatten schwer unter der Misshandlung gelitten, und als ich am offenen Tor eines prächtigen Anwesens vorbeiging, warf ich einen Blick die lange Allee hinauf und bot einen Anblick, der mir einen Stich ins Herz versetzte. Auf der Wiese vor dem Schloss lagen ein ramponierter Billardtisch und ein Flügel, beide umgedreht und noch viel schlimmer, da sie als Schutz gegen einen Kugelhagel gedient hatten. Um sie herum lagen zerbrochene Möbel, Bilder, Wäsche und Flaschen in einem so traurigen Durcheinander verstreut, dass ich nicht einmal daran zu denken wagte, wie Villiers jetzt aussehen könnte.

Unsere Neugier war gestillt. Wir warfen einen zweiten Blick und wandten unsere Gesichter nach Osten.

Es war schon ein weiter Nachmittag, als wir Montreuil-aux-Lions, unsere Heimat, erreichten. Wir stellten fest, dass hier weniger Schaden durch schwere Artillerie angerichtet worden war, aber alle Gebäude unter Gewehrfeuer aus kurzer Entfernung gelitten hatten. Vor dem Rathaus ging ein englischer Wachposten auf und ab. Über dem Eingang war ein türkisches Handtuch genagelt, auf dem ein rotes Kreuz mit menschlichem Blut befleckt war!

„Gefangene?", fragte ich.

„Alle verwundet, danke", war die höfliche Antwort.

Ich suchte meinen Freund, den Wirt, auf, der erstaunt die Hände hob, uns hereinließ und uns eine warme Mahlzeit servierte. Die erste, die wir hatten, seit wir von zu Hause weggegangen waren!

„Aber wie kam es, dass Sie verschont wurden?", fragte ich.

"Weil ich nett zu ihnen war."

„Pah! Wie konntest du nur?"

„Das war nicht meine Absicht, aber sie haben mich ausgetrickst. Es war früh am Morgen, als ein halbes Dutzend berittene Offiziere vor der Tür auftauchten. ‚Wo sind unsere Verbündeten?‘, fragten sie.

„Natürlich dachte ich, es seien Engländer. Die Uniform war mir fremd, aber sie sprachen alle perfekt Französisch. Unwissentlich gab ich ihnen die gewünschten Auskünfte, und sie baten mich, guten Wein zu bringen. Dann warfen sie ein Goldstück auf den Tisch, und als ich meinen Burgunder eingeschenkt hatte, baten sie mich, mit ihnen anzustoßen.

„‚Ach, meine Herren, es ist mir eine Freude, Ihnen das Beste anzubieten, was ich   habe.
Gott sei Dank, es ist nichts für deutsche Mägen!‘

„Zu meiner Überraschung wurde meine Aussage mit schallendem Gelächter aufgenommen und mein Glas fiel erschrocken zu Boden.

„‚Armer Kerl!‘, kicherten sie . , Kommt, trinkt auf unseren Erfolg und auf des
Kaisers Wohl!‘

„Ich glaube, sie haben meine Angst und Qual erkannt. Sie haben mich nicht gezwungen – sondern noch einmal gelacht, getrunken und waren verschwunden.“

"Welche Regimenter haben sie vertrieben?"

„Die Engländer. *Quels Gaillards !* Und sauber! Gut!"

"Wie meinst du das?"

„Ja, sie haben beim Waschen in Montreuil fast das ganze Wasser verbraucht!“

„Wissen Sie etwas über Villiers?“

„Nein. Ich habe während des Kampfes die meiste Zeit im Keller verbracht und seit sie weg sind, lebe ich in der Angst, dass sie zurückkommen.“

"Haben Sie von dort unten niemanden gesehen?"

„Nein, keine Menschenseele.“

„Glauben Sie, dass Villiers bombardiert wurde?“

Er zuckte mit den Schultern. „Ich kenne die englischen Truppen, die hier in diese Richtung unterwegs waren.“

Diese Ungewissheit war zu quälend! Ich fürchte, ich habe meinen Aufenthalt in Montreuil so verkürzt, dass der gute Gastwirt beleidigt war. Ich sprang auf mein Fahrrad und da ich wusste, dass die Straßen jetzt allen bekannt waren, verließ ich meine kleine Gruppe und bat sie, sich schnell zu mir nach Hause zu begeben.

Weiter, weiter raste ich durch den rutschigen Schlamm und schaute weder nach rechts noch nach links, sondern immer geradeaus in der Hoffnung, ein vertrautes Gesicht oder eine vertraute Gestalt zu erkennen.

Die Dämmerung brach herein, als ich Bezu -le-Gury (unsere nächste Heimatstadt) betrat, die anscheinend nur wenige Spuren von Plünderungen aufwies. Ich stieg nicht einmal ab, um mich zu erkundigen, sondern radelte weiter, bis ich den Gipfel jenes langen, langen Hügels erreichte, der direkt zu meinem Haus hinunterführt. Die Aufregung verlieh meiner Energie neuen Schwung, und mein Herz klopfte wie wild, als ich bekannte Hütten wiedererkannte, die noch standen. Das weckte meine Hoffnung und ließ mich wie eine Rakete den steilen Abhang hinuntersausen.

Noch immer keine Menschenseele in Sicht – kein Geräusch außer dem Dröhnen der Gewehre in der Ferne.

Aber was war das im Halbdunkel vor mir? Ein Hund? Konnte das wahr sein? Ich trat zurück und pfiff – ein langes, tiefes, vertrautes Heulen drang an mein Ohr und trieb mir die Tränen in die Augen.

Und dann kam mein armer alter Beagle die Straße hochgetrottet, um mich zu begrüßen – sein Schwanz wedelte freudig und eine lange, ausgefranste Schnur baumelte an seinem Halsband.

Das war eine Erleichterung und beruhigte mich ein wenig und bereitete mich auf das vor, was kommen würde. Durch eine Lücke in den Bäumen konnte ich einen Blick auf die Dächer unter mir erhaschen. Und so bog ich um die Ecke und begann meine letzten hundert Meter.

Das zerbrochene und verknotete Gitter unseres stattlichen Tores zeugte vom Besuch der Eindringlinge. Ein paar Schritte weiter kommt das Schloss in voller Sicht.

Ja, es stand noch, aber es war nur noch die Hülle jenes schönen Hauses, aus dem ich erst vor vierzehn Tagen geflohen war.

Ich ließ meine Maschine fallen, eilte zur Eingangshalle, warf einen Blick durch die zerbrochenen Scheiben in den Vorraum und wandte mich verzweifelt ab.

An den Gegenständen meines Hauses war der gesamte vorsätzliche Schaden angerichtet worden, den ein Mensch anrichten kann.

Der Zauber war gebrochen. Meine Nerven entspannten sich und ohne Rücksicht auf den Schmutz ließ ich mich auf die Stufen fallen und weinte.

IX

Ich glaube, es war der Gestank von drinnen, der mich aus meiner Trauer riss und mir klar machte, dass dies Krieg war und keine Zeit für Tränen. Ich versuchte mich mit dem Gedanken zu trösten, dass ich wenigstens ein Dach über dem Kopf hatte, aber das war nur ein schwacher Trost.

Ich riss mich zusammen und machte mich auf die Suche nach Hilfe über den Rasen in Richtung Dorf. Denn auf den zweiten Blick erkannte ich, dass es sinnlos war, auch nur daran zu denken, das Haus zu betreten, so groß war der Schmutz und die Unordnung.

Langsam marschierte ich weiter, mit gesenktem Kopf und schwerem Herzen vor Kummer und Sorge. Zwanzig Schritte vor mir erkannte ich einen niedrigen Hügel und dann, oh Schreck, ein riesiges schwarzes Kreuz, das im Halbdunkel aufragte. Ein Grab – ein deutsches Grab. Einige arme Seelen wurden auf meinem Rasen begraben; aber warum, da unser kleiner Friedhof nur ein paar hundert Meter die Straße hinauf liegt?

Villiers ist selbst in Friedenszeiten kein fröhliches Dorf, aber an diesem Abend (14. September 1914) war es noch dunkler als je zuvor. Meine Augen gewöhnten sich langsam an die Dunkelheit und konnten sehen, dass die meisten Häuser, obwohl sie durch die Schlacht beschädigt worden waren, noch standen, und in ein oder zwei Fenstern erheiterte der Schein eines Lichts meinen Blick.

Ich ging direkt zum Rathaus, klopfte an die Tür und rief meinen Namen. Ein vertrautes Schlurfen verriet mir, dass Monsieur Duguey seinem Posten als Stadtschreiber (der einzige amtierende Beamte seit der Mobilisierung der Armee) treu geblieben war, und als er die Tür öffnete und mich sah, leuchteten seine Augen vor Freude. Er hielt eine Kerze hoch über den Kopf, lächelte und verzog dann das Gesicht.

„ *Pauvre Madame* ", sagte er. „Haben Sie das Schloss gesehen?"

Ich nickte.

„Ach, die Vandalen! Nicht Krieg, sondern Straßenraub nenne ich das. Wir armen Bauern hatten wenig zu verlieren, aber bei Ihnen, Madame, ist das anders."

Und dann erzählte er mir, wie die Deutschen nur wenige Stunden nach meiner Abreise das Schloss einnahmen und wie die Elite der preußischen Armee fünf Tage und Nächte lang in unaufhörlichem Strom die Straße entlang in Richtung der begehrten Hauptstadt strömte.

Im Morgengrauen dieses ereignisreichen Septembermorgens war ein Offizier zum Rathaus geritten, hatte nach dem Bürgermeister oder seinem Vertreter gerufen und bei Monsieur Dugueys Erscheinen so viel Futter für die Pferde und so viel Champagner für die Offiziere und Charles Huard verlangt!

M. Duguey als Geisel genommen und nachdem er am Kreuz geschworen hatte, dass sowohl mein Mann als auch ich abwesend seien, wurde ihm befohlen, den Weg zu unserem Haus anzuführen, wo er 48 Stunden lang als Gefangener in der Küche festgehalten wurde, während eine Gruppe deutscher Adliger in unserem Haus einen Aufruhr veranstaltete.

Er wurde von den Soldaten verspottet und beleidigt, die in der Küche Wache standen, wo ein Koch das Essen für den General zubereitete. Derselbe Koch, der elf Jahre lang in einem bekannten Hotel in der Rue de Rivoli gekocht hatte, forderte ihn auf, den Mund zu halten und sein Temperament zu zügeln ! Kein Wunder, dass er gut Französisch sprach.

„ *Pauvre Madame!* Vielleicht sind Sie zu früh zurückgekommen! Wenn wir nur wüssten, dass sie nicht zurückkommen würden!"

In der Ferne ließen die Kanonen das Haus erzittern, als wollten sie seine Aussage bestätigen.

„Gibt es noch jemanden, der mir hilft, meinen Schlafplatz sauber zu machen?"

„Ich gehe. Es sind nur ein oder zwei Frauen zurückgeblieben, aber ich schätze, es tut ihnen leid! Was für ein Geschenk Gottes, dass Sie entkommen sind!"

Ich verstand es und war dankbar.

Monsieur Duguey steckte seine Kerze in die Laterne, schulterte einen Besen, nahm eine Decke und ging voran zum Schloss.

Wir fanden keine Worte, um unsere Ängste und Sorgen auszudrücken, und fanden keine Worte, als wir uns auf den Weg in einen schmutzigen, mit Dosen und Flaschen übersäten Innenhof machten, zu einem Flügel des Schlosses, wo ich zu schlafen beschlossen hatte.

Ich weiß kaum noch, was wir durch den Korridor schleppten. Mein Begleiter schob Sachen in einer Ecke des Zimmers auf einen Haufen, und als ich sah, wie er eine Matratze wegfegte und seine Decke darauf warf, wurde mir klar, dass mein Bett gemacht war.

„Sie haben keine Angst, Madame?"

"NEIN."

„Dann *eine Bitte* . Ich werde kommen und euch helfen. Ich fürchte jedoch, dass ich euch im Dunkeln zurücklassen muss, denn im Dorf gibt es keine Streichhölzer. Wir müssen uns Licht für unsere Feuer leihen, und unser

Vorrat an Kerzen ist fast aufgebraucht. Es sind nur die Kippen, die die Deutschen zurückgelassen haben!"

Erschöpft schlief ich ein und wurde gegen Morgengrauen durch das Klappern von Pferdehufen auf dem gepflasterten Hof unter meinem Fenster aufgeweckt.

Kavallerie?

Ich hörte.

Ja, sicher. Aber welche Kavallerie? Unsere?

Die Neugier siegte und ich steckte meinen Kopf aus dem leeren Schärpenfenster und sah einen höchst mitleiderregenden Anblick. Dort standen im strömenden Regen etwa zwanzig zitternde Pferde, einstmals prächtige Tiere, nun aber verwundet und gebrochen. Die beklagenswerte kleine Gruppe, die von den Eindringlingen zurückgelassen worden war, wurde von meinem alten grauen Esel angeführt, der sie zusammengetrieben hatte und sie nun in Wärme und Schutz führte. Dieses Mitgefühl unter Tieren bewegte mich zutiefst und ich machte mich auf den Weg nach unten, um zu sehen, was ich tun konnte, um ihr Leiden zu lindern.

Ich muss allerdings zu meiner Schande gestehen, dass ich den Stall nie erreichte, denn der Anblick von Schmutz und Schrecken, der sich mir auf dem Weg bot, lenkte mich so sehr ab, dass ich weiter durch das ganze Haus ging, weil ich unbedingt sehen wollte, wie groß der Schaden tatsächlich war.

Ich drehte noch immer meine entmutigende Runde, als die anderen auf den Hof fuhren und langgezogene, laute Klagerufe von ihren Lippen kamen.

Wie soll man das beschreiben? Es scheint fast unmöglich. Es wurde schon zu viel gesagt, man weiß eigentlich zu wenig, deshalb werde ich mich mit ein paar kurzen Aussagen begnügen.

Vor allem möchte ich klarstellen, dass das Schloss zuerst von General von Muck und seinem Stab besetzt wurde. Die in großen roten Buchstaben auf die Türen meiner Schlafzimmer geschriebenen Namen zeugen davon – ebenso wie schmutzige Unterwäsche und ein *Glassentuch* mit der Aufschrift v. K. – sowie zahlreiche Papiere mit dem kaiserlichen Siegel. Bei letzteren handelt es sich allesamt um Befehle oder Berichte des dritten Armeekorps, die bei der überstürzten Flucht zurückgelassen wurden!

Da ich nun in der Lage bin, die Sache mit kühlerem Kopf zu betrachten, erkenne ich, dass nicht nur in der Kriegsführung, sondern auch beim Plündern Effizienz zum Tragen kam. Denn es scheint, als ob alles, was wir besaßen, systematisch als gut, schlecht oder mittelmäßig klassifiziert wurde. Ersteres und Letzteres wurden sorgfältig in riesige Versorgungskarren der

Armee gepackt, die fünf lange Tage lang vor unserer Tür standen und erst abfuhren, wenn sie vollständig mit Beute beladen waren.

Dann wurde der Rest in die Ecken geworfen und auf die widerlichste und ekelerregendste Art und Weise mutwillig beschmutzt und beschmiert.

Einen Beweis für die oben erwähnte Effizienz liefert eine Beschreibung des Ateliers meines Mannes. Dort fand ich alle Rahmen leer vor – die Leinwände waren sorgfältig mit einem Rasiermesser herausgeschnitten und der Einfachheit halber aufgerollt worden.

Es ist unnötig zu erwähnen, dass Wandteppiche, Silber, Juwelen, Decken und Haushalts- sowie persönliche Wäsche als Kriegsbeute galten. Das ist für mich weitaus verständlicher als die Tatsache, dass unser Schloss zwar mit allen modernen sanitären Einrichtungen ausgestattet ist, diese aber absichtlich ignoriert wurden und Korridore und Ecken, Satinvorhänge und sogar Betten für die unwürdigsten Zwecke verwendet wurden.

Überall waren widerwärtige Spuren von durchnässter Trunkenheit zu sehen. Auf den Tischen neben jedem Bett (die meisten hatten inzwischen ihre Matratzen verloren) standen Champagnerflaschen und halb geleerte Gläser. Der mit Stroh übersäte Salon ähnelte einem billigen Biergarten nach einem Samstagabend voller Krawalle, und das unglückliche Klavier war nicht nur mit leeren Champagnerflaschen geschmückt, sondern enthielt auch zwei- bis dreihundert Gläser Marmeladengläser, die man hineingeschüttet hatte – Glas und alles, wahrscheinlich nur zum Spaß. Ach, *Kultur!*

Ich glaube, das und die Tatsache, dass die meisten meiner Enten und Kleintiere getötet und liegengelassen worden waren, um zu verrotten, waren die Dinge, die mich am meisten erzürnten, und jedes Mal, wenn die Schüsse dröhnten, betete ich inbrünstig um Rache!

Und ich war es, der im Glauben an die germanische Ritterlichkeit glaubte und glaubte, meine Liebesbriefe würden unter dem Schutz des Wappens meines Landes respektiert! Mein armer kleiner Schreibtisch aus Rosenholz war gnadenlos mit Bajonetten zerstochen worden und sein Inhalt von einem Ende des Dorfes zum anderen verstreut worden. Und was die Stars and Stripes betrifft: Als wir schließlich die Rohre bestimmter Sanitäranlagen ausspuckten, die man in der feinen Gesellschaft normalerweise nicht erwähnt, wurden sie dort in einem beklagenswerten Zustand gefunden und mit einer Zange zum Waschhaus getragen.

Was für ein verarmtes kleines Dorf wir doch waren. Meins war nur das gemeinsame Schicksal, denn jeder hatte entsprechend seinem Vermögen verloren. Doch es gab kein Wehklagen. Es gab Arbeit zu erledigen, denn die Weinlese stand vor der Tür und die Weinreben wurden in den meisten Orten respektiert. Die deutschen Offiziere hatten sogar verkündet, dass unser Land bereits annektiert worden sei und dass dies der Champagner zur Erinnerung an den Triumph des Vaterlandes sein sollte!

Meine kleinen Diener nahmen ihre schmutzige Arbeit an und arbeiteten unaufhörlich, obwohl es eine undankbare Aufgabe war, denn Seife und Soda gab es nicht, und Lebensmittel waren, abgesehen von Gemüse und ein wenig Schweinefleisch, schwer zu bekommen.

Eine Woche verging wie im Flug, und dann fuhr eines Nachmittags ein Militärauto vor die Tür. Als ich es in den Hof einfahren sah, fürchtete ich, es könnte schlechte Nachrichten von H. bringen, aber ein freundlicher Offizier beruhigte mich, indem er mir sagte, mein Mann sei noch unter den Lebenden, obwohl er nur mündliche Informationen mitgebracht habe. Er teilte mir außerdem mit, dass es seine Pflicht sei, mein Eigentum als französisches Notkrankenhaus zu beschlagnahmen, und dass er dankbar wäre, wenn ich ihm alle meine Betten zur Verfügung stellen würde. Ein Arzt und einige *Krankenpfleger* würden sofort geschickt, um das Gebäude wieder in Ordnung zu bringen. Ob ich helfen würde? Und wüsste ich jemanden, den ich gern bei mir haben würde?

„Sie werden freiwillige Gefangene sein, das wissen Sie, denn dies ist das *Einsatzgebiet*, und man wird Ihnen nicht erlauben, es zu verlassen."

Guix denken. Lebte sie noch?

Rebais begleiten, da man dort am nächsten an einer Krankenschwester sein könnte.

Und so raste ich wieder über die Marne. *Diesmal groß vitesse*, und wurde nach etwas mehr als einer Stunde von der freundlichen Oberin begrüßt, die inmitten der Ruinen aller Nachbarhäuser ruhig ihre Arbeit im Kloster fortsetzte.

Ja. Madame Guix war dort – eine Heldin, wie ich erfuhr, geliebt und geachtet von jeder Seele, die gezwungen war, in dieser unglücklichen Stadt zu bleiben. Ich fand sie bei der Pflege von 26 Schwerverletzten – Franzosen, Engländern und Deutschen – und sie war ganz allein mit der ganzen Arbeit, während ein achtzigjähriger Arzt nur alle zwei Tage vorbeikam.

„Ich kann sie nicht allein lassen", sagte sie und zeigte auf die Soldaten, als ich sie bat, beim Wiederaufbau meines Krankenhauses mitzuhelfen. „Aber sobald sie abtransportiert werden können, werde ich kommen, das verspreche ich."

im Salon erzählte mir die Oberin von der Invasion, während ich auf die Rückkehr des Militärautos wartete, das mich nach Hause bringen sollte.

„Sie ist wunderbar", sagte Soeur Laurent über Madame Guix . „Wunderbar
– sie hat vor nichts Angst. Einmal, zu Beginn der Invasion, wurde sie an die
Wand gestellt, und ein brutaler Deutscher zielte und drückte auf ein Gewehr,
das er in einer Ecke gefunden hatte. Sie hatte es versehentlich mit dem Mantel
eines Verwundeten bedeckt! Er beschuldigte sie, Waffen zu verstecken!
Dann, mitten im Kampfgetümmel, ging sie in die deutschen Stellungen und
suchte einen Arzt für unsere Männer – weil sie sich unfähig fühlte. Das
gesamte deutsche Sanitätspersonal kam und gratulierte ihr zu ihrem Mut und
ihrer Hingabe, bevor sie gingen. Ich erzähle euch das alles, weil sie es nie tun
wird!"

Ein paar Tage später trafen ein Arzt und die *Krankenpfleger* ein, die letzteren
keine ausgewählten Männer, denn im normalen Leben sind sie
Steuereintreiber, Hausmeister am Theater von Belleville, Omnibusmaler,
Notargehilfe und Friseur! Aber sie sind alle „gute Kerle", bereit zu arbeiten,
ohne sich den „Job" auszusuchen.

Madame Guix erschien ordnungsgemäß und unser Krankenhaus wurde für
eröffnet erklärt.

Durch Darlehen und Requisitionen haben wir hundert Betten angesammelt,
und seit nunmehr fünfzehn Monaten ist es uns durch Betteln und strengste
Sparsamkeit gelungen, am Leben zu bleiben und uns so gut wie möglich und
auf unsere primitive Art um alle tapferen Söhne Frankreichs zu kümmern,
die krank oder verwundet zu uns kommen. Mit Gottes Hilfe werden wir dies
bis zum Tag unseres vollständigen Sieges tun.

Das Ende

www.ingramcontent.com/pod-product-compliance
Lightning Source LLC
LaVergne TN
LVHW042152190726
843493LV00006B/1634